Fest-Kleidung der Ritter des Kaiserl. Oesterreichschen Ordens vom goldenen Vliess.

Friedrich Gottschalck

Die deutschen Ritterorden

Almanach der Ritterorden

REPRINT – VERLAG
LEIPZIG

Die zum Teil geminderte Druckqualität ist auf den Erhaltungszustand der Originalvorlage zurückzuführen.

Bibliographische Information der Deutschen Nationalbibliothek
Die Deutsche Nationalbibliothek verzeichnet diese Publikation in der Deutschen Nationalbibliographie; detaillierte bibliographische Daten sind im Internet über www.d-nb.de abrufbar.

Volker Hennig, Goseberg 22-24, 37603 Holzminden
www.reprint-verlag-leipzig.de
ISBN 978-3-8262-0727-3

Veränderte Reprintauflage der Originalausgabe von 1817
nach dem Exemplar des Verlagsarchives

Einbandgestaltung: Jens Röblitz, Leipzig
Gesamtherstellung: Westermann Druck Zwickau GmbH

ALMANACH

DER

RITTER=ORDEN

von

FRIEDRICH GOTTSCHALCK,

Herzogl: Anhalt=Bernburg: Assistenzrathe.

Der Kön: preussische *Milit: Verdienst-Orden.*

ERSTE ABTHEILUNG.

Die deutschen Ritter=Orden.

LEIPZIG,

bei Georg Joachim Goeschen.

MDCCCXVII.

VORREDE.

Über Orden ist viel und Vieles geschrieben worden. An Werken, die das ganze Ordenswesen umfassen, mit erschöpfender Gründlichkeit, mit einem Aufwande von kostbaren Abbildungen alle Ansprüche befriedigen, fehlt es eben so wenig, wie an mehrern gedrängten Geschichten aller oder einzelner Orden. Dessen ungeachtet glaube ich, dafs das Unternehmen dieses Ordensalmanachs nicht überflüssig genannt werden dürfte. Theils sind alle vorhandenen Werke über Orden, durch die grofsen Ereignisse der letztverflossenen Zeit, deren Einflufs auch auf das Ordenswesen bedeutend einwirkte, unvollständig und unrichtig geworden, mithin für die Gegenwart nicht mehr zureichend, theils weicht dieser Ordensalmanach in seiner Einrichtung durchaus von der aller vorhandenen Ordenswerke ab. Er wird nemlich in zwei Abtheilungen oder Jahrgängen die Geschichte, die Verfassung und die Beschreibung aller jetzt blühenden weltlichen Ritterorden, mit namentlicher Aufführung der lebenden Ritter und Besitzer derselben enthalten. Diese erste Abtheilung enthält alles dieses von den Orden deutscher Regenten, die zweite wird es von den aller übrigen europäischen und aufsereuropäischen Regenten umfassen, und beide Abtheilungen werden abwechselnd, jährlich immer wieder erscheinen. Mit dieser Einrichtung sind die Vortheile verknüpft, dafs jede mit einem Ritterorden vorgehende Veränderung, oder jeder neue Zuwachs derselben, oder auch überhaupt Berichtigungen und Verbesserungen des schon gegebenen, gleich nachgetragen werden können, und man in den Ritterlisten immer nur die Namen der wirklich lebenden antreffen wird.

Jeden Band werden dreizehn illuminirte Abbildungen von Ordenstrachten und Ordensdekorationen zieren. Bei jeder neuen Erscheinung eines Bandes oder Jahrganges werden solche zwar immer wieder gegeben, doch jedes Mal durch zwei oder drei neue Blätter vermehrt seyn, wodurch diese den Gegenstand anschaulicher machenden Darstellungen allmählig so anwachsen müssen, daſs, wenn das Unternehmen sonst eine günstige Aufnahme findet, sie zuletzt eine vollständige Sammlung aller der Kreuze, Bänder und Sterne bilden können, die wir jetzt und künftig besitzen.

Da der Ordensalmanach nur alle sogenannte weltliche Ritterorden, mit Einschluſs der weiblichen, umfaſst, so liegen mithin alle geistliche Orden, alle Stiftsorden, alle die untergegangen oder nicht mehr gültig sind, und endlich selbst diejenigen weltlichen, deren Tragen nur in einigen Staaten stillschweigend geduldet wird, ganz auſser seinen Grenzen.

Zur Vollständigkeit der Geschichte eines Ordens würde es allerdings gedient haben, wenn die Stiftungsurkunden, oder die Statuten desselben, wörtlich abgedruckt worden wären; allein es ist dieſs durchgehends nicht geschehen, sondern der Herausgeber hat sich begnügt, nur das Wesentliche daraus im Auszuge mitzutheilen, theils damit der Almanach nicht eine zu groſse unnöthige Ausdehnung erhielte, hauptsächlich aber damit die Geduld des Lesers nicht durch die bei der Ähnlichkeit aller Ordensstatuten sonst unvermeidlichen Wiederholungen ermüdet werden möchte. Dagegen enthalten die vorausgeschickten allgemeinen Bemerkungen alles dasjenige in sich vereinigt, was auf alle Orden anwendbar und gültig ist, und sonst bei jedem einzelnen hätte wieder gesagt werden müssen.

Die Ordnung, in welcher in diesem ersten Jahrgange die Regenten aller deutschen Orden aufgeführt sind, gab die gegenwärtige Diplomatik an die Hand, so wie die Reihe, in welcher die Orden eines und desselben Regenten folgen, auf dem Range beruht, der ihnen in den verschiedenen Staatskalendern, mithin auf officiellem Wege, angewiesen wurde.

ALLGEMEINE BEMERKUNGEN

ÜBER ORDEN.

Der schöne Gebrauch, Männer durch ein äufseres Merkmal auszuzeichnen, die durch Klugheit oder Tapferkeit oder Kühnheit dem gemeinen Wesen im Krieg oder Frieden wichtige Dienste geleistet hatten, war bei allen Völkern, in alter und neuer Zeit, stets üblich. Er scheint auch wirklich in der Natur des Menschen, der in einer Gemeinschaft lebt, wohl begründet zu seyn, und eben darum so allgemein und so früh schon gefunden zu werden. Mannigfaltig waren solche öffentliche Beweise des Dankes und der Auszeichnung, welche Rom seinen Helden gab, und einfach grofs und begeisternd feierten die Staaten der Hellenen ihre besten Bürger. Auch die weltlichen Ritterorden, wie sie jetzt sind, haben eine ganz ähnliche Bestimmung, wiewohl ihr uranfänglicher Zweck sich im Laufe der Zeiten beträchtlich verändert hat. Aus den Instituten der Ritterschaft und der geistlichen Korporationen entstanden, waren sie anfangs Verbrüderungen würdiger Männer, die, mit Übernahme bestimmter Pflichten unter dem Gesetz der Ehre, zu vaterländischen oder allgemein christlichen Zwecken zusammen getreten waren. Freie Geburt und tadelloses Leben waren die Bedingungen der Aufnahme. Verdienste aber sollten erst in dem Orden selbst erworben werden. Und in diesem Stücke ist die Hauptveränderung mit ihnen vorgegangen. Als

Korporationen können sie noch immer betrachtet werden; allein die Verdienste, welche vormals der Aufnahme folgen sollten, müssen anjetzt schon voran gegangen seyn.

Der erste und gewisseste öffentliche Verein dieser Art in der Christenheit war der Orden *de la Génette* oder von der Bisamkatze. Karl Martell stiftete ihn im Jahre 726. Ungewisser ist der Orden *sanctae ampullae*, den Chlodewich I. im Jahre 499, so wie der Orden von der Eiche, den Garsias Ximenes, König von Navarra, im Jahre 722 gestiftet haben soll. Späterhin waren wohl die Kriege, welche die christlichen Völker des Abendlandes vom Ende des eilften bis gegen das Ende des dreizehnten Jahrhunders führten, um Palästina, das heilige Land, wo der Stifter ihres Glaubens gelebt, für das Heil der Welt gelitten hatte, und wo sein Grab war, der Gewalt der Ungläubigen zu entreifsen, und welche den Namen der Kreuzzüge führen, mehr oder weniger, mittelbar oder unmittelbar die Veranlassung, das Vorbild und das Muster aller nachherigen Orden. Durch Vereinigungen von Personen, deren Zweck gleich fromm und unter Beobachtung gewisser Regeln der war, Krankenpflege zu üben, die christliche Religion auszubreiten und zu beschützen, traten zuerst die geistlichen Ritterorden, von denen der älteste der Orden des heiligen Johannes von Jerusalem ist, hervor. Ihre Gesetze waren denen der Mönchsorden ähnlich. Ihr Vorsteher oder Meister wurde durch die Mehrheit der Stimmen gewählt, und zu ihrer Dauer und Gültigkeit bedurfte es der Bestätigung des Papstes, der noch jetzt gewissermafsen als Oberhaupt aller geistlichen Ritterorden angesehen werden kann. Zu welcher politischen Wichtigkeit und Macht einige derselben gelangten, ist eben so bekannt wie ihr gänzliches Herabsinken in unsern Tagen. Nach ihnen bildeten sich späterhin die weltlichen Ritterorden, bei denen mit solchen gottesdienstlichen Übungen auch die ritterlichen verbunden waren. Von den Kreuzfahrern, die zu ihrer Bezeichnung ein Kreuz auf dem Kleide trugen, das ihnen auch den Namen und ihren Kriegen den der Kreuzzüge gab, entlehnten die geistlichen Ritterorden die Sitte, sich durch ein äufseres Zeichen, gewöhnlich ein Kreuz, kenntlich zu machen. Diese Kenntlichmachung der Personen ihrer Mitglieder, als einer besondern frommen Verbindung angehörig, war nothwendig, wegen ihres ursprünglichen Zweckes, so wie wegen der Verhältnisse, in welchen sie zu einander und der übrigen Welt stehen wollten und stehen mufsten. Ihrem Beispiele folgten hierin auch die Vereinigungen der weltlichen Ritterorden. Sie nahmen zum äufsern Zeichen auch das Kreuz an, doch unterschieden von jenen einfachen Sinnbildern ihrer geistlichen Mitbrüder durch Einmischung mehr weltlicher und irrdischer Zierden, mannigfacher Farben, kostbarer Steine und edler Metalle. Die Folgezeit änderte und modelte daran und fügte Bänder und Sterne hinzu, die wir jetzt in so bunter Menge und Form überall erblicken. Aber auch die ursprünglich guten und frommen Zwecke dieser Gattung von Ritterorden hat sie verändert, oder gänzlich verwischt, und gegenwärtig haben sie nur die Zwecke: den Glanz und die Pracht der Höfe zu erhöhen und zur Belohnung und Auszeichnung des Verdienstes, der Treue, der Geburt und hoher Ehrenstellen zu dienen. Nur wenige der ältern Ritterorden machen es noch ihren Mitgliedern zur Pflicht, den christlichen Glauben zu vertheidigen; doch möchte ihnen zur Erfüllung derselben theils die Gelegenheit, theils der Wille fehlen und von diesem frommen Zweck reden daher nur noch die Statuten.

Gegenwärtig giebt es viele, vielleicht zu viele Ritterorden. Die Regenten, denen sie angehören, sind folgende:

Der Grofsherzog von Baden.
Der König von Baiern.
Der Kaiser von China.
Der König von Dännemark.
Der König von Frankreich.
Der König von Grofsbrittannien und Irland.
Der Kaiser von Haiti.
Der König von Hannover.
Der Kurfürst von Hessen.
Der Grofsherzog von Hessen.
Der König von Neapel und Sicilien.
Der König von Niederland.
Der Kaiser von Österreich.
Der Papst.
Der Herzog von Parma.
Der König von Persien.
Der König von Polen.
Der König von Portugall-Brasilien.
Der König von Preufsen.
Der Kaiser von Rufsland.
Der König von Sachsen.

Der Grofsherzog von Sachsen.
Der König von Sardinien.
Der König von Schweden.
Der König von Spanien.
Der Grofsherzog von Toskana.
Der Kaiser der Türkei.
Der König von Würtemberg.

Die Anzahl aller jetzt blühenden Orden wird man nicht zu hoch auf neunzig anschlagen können, wovon zwei Drittheil erst seit dem Jahre 1701, und unter diesen wieder dreifsig erst im laufenden Jahrhunderte hervortraten. Im zugenommenen Glanze der Höfe und in dem Aufsergewöhnlichen unserer Zeit mag wohl der Grund der grofsen Vermehrung solcher Bänder liegen, die freilich ein wohlfeiler Preifs für Mühe und Arbeit sind. Ob es gut war, ihre Zahl so bedeutend steigen zu lassen, ob es gut seyn wird, sie noch immerfort zu mehren, ob der Werth, den sie haben können, durch ihren Anwachs und die daraus entstehende häufigere Vertheilung, nicht geschwächt und endlich Lauheit gegen die vor einem Jahrhundert noch höchst ehrenvolle Auszeichnung durch einen Orden, erzeugen wird? das sind Fragen, deren Beantwortung — hierher nicht gehören möchte.

Nach den Grundsätzen des heutigen Staatsrechts, kann nur ein Souverain einen Ritterorden stiften. Verbände sich daher eine Gesellschaft von Privatpersonen zu einem solchen Zwecke, wie das schon einige Male geschah, so würde er nur unter ausdrücklicher Genehmigung ihres Regenten ausgeführt werden dürfen.

Gewöhnlich nennt man die Orden:

a. Grofse Ritterorden. Dazu gehören die, welche gekrönten Häuptern angeboten werden können und von ihnen getragen werden. Sie bestehen alle nur aus einer Klasse.

b. Hausorden. Diese Benennung kommt jetzt seltener als sonst vor. Man bezeichnete damit die Orden, welche von einer fürstlichen Familie für die Glieder derselben und ihre Diener bestimmt waren. Aber von allen jetzt blühenden Ritterorden wird kein einziger mehr nur auf diese Art vergeben, mithin möchte diese Benennung als nicht mehr anwendbar zu betrachten seyn.

c. Verdienstorden. Diese sind entweder für das Militair oder für Civildiener bestimmt, so dafs der Soldat nicht den des Civils, und umgekehrt, der Civilist nicht den des Soldaten erhalten kann. Mit dieser Gattung ist der bessere und lobenswerthere Zweck der Orden verknüpft, während die andern mehr auf Glanz der Höfe berechnet oder als Freundschafts-, Ehren- und Gnadenzeichen anzusehen sind.

Jeder Orden — wenige ausgenommen — hat eigene Statuten, welche die Pflichten und Rechte der Ritter bestimmen, in Ordensangelegenheiten ihr Gesetzbuch sind, und von ihnen befolgt werden müssen. Dem Ordensherrn steht es allein zu, in vorkommenden Fällen davon zu entbinden, so wie es ihm auch unbenommen bleibt, nach Umständen sie abzuändern oder zu erneuern.

In frühern Zeiten wufste man nichts von der Abtheilung der Orden in zwei, drei, vier, fünf Klassen. Sie hatten alle nur eine. Erst gegen die Mitte des vorigen Jahrhunderts entstand diese Theilung in mehrere Klassen, wahrscheinlich aus dem zu billigenden Grunde, tiefer herab die Auszeichnung gehen lassen zu können, indem bis dahin nur an hohe Personen Orden gegeben wurden. Der mit dieser Einrichtung verbundene Vortheil hat nach und nach bewirkt, daſs gegenwärtig die Zahl der in Klassen abgetheilten Orden die gröſsere ist. Die Ritter der verschiedenen Klassen eines Ordens zu bezeichnen, bedient man sich entweder des Zusatzes der Zahl, als: Ritter des rothen Adlerordens erster Klasse, zweiter Klasse u. s. f. oder sie haben besondere Benennungen. Gewöhnlich heiſst alsdann die erste Klasse, Groſskreuze, weil sie von allen Klassen das Ordenskreuz von der gröſsten Form hat, und auch mit Ordenssternen auf dem Kleide geziert ist. Die Inhaber der zweiten Klasse heiſsen Kommandeurs, von Kommende, Gut, Kommthur oder Kommandeur, Vorsteher eines Gutes, welche Benennung aus der Einrichtung des deutschen Ordens herübergenommen ist. Die Inhaber der dritten Klasse nennt man Kleinkreuze oder Ritter. Wo vier auch fünf Klassen sind, giebt es Kommandeurs erster und zweiter Klasse. Gewöhnlicher ist aber bei solchen Orden die Zahlenbezeichnung.

Die Zahl der Mitglieder eines Ordens ist bei den meisten Orden festgesetzt, bei einigen jedoch ganz unbeschränkt. Die Umstände erzeugen aber oft die Nothwendigkeit, im erstern Falle von der Regel abzuweichen, welches Recht dem Oberhaupt des Ordens zusteht. Auch werden bei vielen Orden die in andern

Ländern sich befindenden Mitglieder desselben nicht unter die festgesetzte Anzahl gerechnet.

Die Verhandlungen der Ordensangelegenheiten, die Wahl des Grofsmeisters, die Aufnahme der Ritter und dergl. geschah früherhin nach der Mehrheit der Stimmen in den feierlichen Versammlungen des Ordens, welche, wie bei den geistlichen Orden, Kapitel heifsen. Diese Einrichtung gründete sich auf die Idee eines gesellschaftlichen Vereins, die bei fast allen ältern Orden zum Grunde lag. Nach und nach ist man aber hiervon abgegangen und jetzt ist bei allen Orden der Regent des Hauses, dem der Orden angehört, das unumschränkte Oberhaupt oder der Grofsmeister desselben, so dafs diese Eigenschaft unzertrennlich mit der Regentschaft verbunden ist. Indessen hat doch auch jetzt noch jeder Orden zur Besorgung seiner Angelegenheiten ein Kollegium, das bald Ordensrath, Ordenskonseil, Ordenskapitel, Ordenskommission u. s. w. heifst. Der Chef und Grofsmeister des Ordens ist der Vorsitzende davon. Er ernennt die Mitglieder entweder aus eigenem Antriebe oder auf den Vorschlag des Kollegiums. Ein Kanzler, ein Schatzmeister, ein Sekretair oder wie er auch an einigen Orten genannt wird, Greffier, oft auch noch ein Ceremonienmeister sind die andern beständigen Mitglieder. Davon sind die meisten entweder wirkliche Ordens-Inhaber, oder sie tragen doch auf irgend eine Art das Ordenszeichen. Auch werden aus den Ordensgliedern in vorkommenden Fällen Beisitzer oder einstweilige Mitglieder vom Vorsitzenden erwählt. Der Kanzler, bei grofsen Orden heifst er auch Grofskanzler, führt bei feierlichen Gelegenheiten für den Ordensherrn das Wort, ruft zu Sitzungen zusammen, leitet alle Geschäfte und verwahrt das Siegel. Der Schatzmeister besorgt alle Kassengeschäfte, erhebt die dem Orden angewiesenen Einkünfte, zahlt die Pensionen aus, bestreitet die Unkosten der Verfertigung der Ordenszeichen, Bänder und dergl., und legt Rechnung über alles diefs ab. Dem Sekretair liegt die Führung des Protokolls im Kapitel, die Besorgung aller Ausfertigungen, Patente, Diplome, die Aufsicht und Ordnung des Archivs ob. Der Ceremonienmeister mufs für Anordnung der Feierlichkeiten, so wie für pünktliche Befolgung derselben sorgen. Viele Orden haben auch noch einen oder mehrere Herolde, deren Verrichtungen bei vorkommenden feierlichen Gelegenheiten in Vortragung der Wappen bestehen, oder in Bewachung der Zimmer, worin die Ordenssitzung ist. Auch einen Historiographen, dessen Pflicht in der Aufsammlung alles dessen, was zur Geschichte des Ordens dient, besteht, findet man hier und da angestellt.

Das Ordenszeichen ist fast bei allen Orden ein goldenes Kreuz, doch von verschiedener Form und von verschiedenen Farben, die in Emaille oder Flufs dargestellt sind. Zwischen den Winkeln der Flügel oder Theile des Kreuzes ist häufig irgend eine auf den Orden oder dessen Oberhaupt Bezug habende Verzierung angebracht, und in der Mitte zeigt ein runder Schild gewöhnlich den Patron oder die Legende oder das Wappen oder den Namenszug des Stifters oder das Sinnbild des Ordens. Bei den ältern Orden wurde das Kreuz ursprünglich an einer goldenen Kette um den Hals auf der Brust getragen, denn eine goldene Kette gehörte eben so wie goldene Spornen zum wesentlichen Ehrenschmuck des Ritters. Das Beschwerliche und Kostbare dieser Einrichtung führte aber späterhin die Vertauschung der Kette mit einem breiten Bande herbei, und die Kette wird gegenwärtig nur noch bei feierlichen Gelegenheiten, wo die Ritter in der Ceremonienkleidung erscheinen, angelegt. An jenen Bändern trägt gegenwärtig die erste Klasse fast aller Orden, besonders der vornehmern, das Ordenszeichen; doch hängt diefs Band bald von der rechten Schulter nach der linken Hüfte bald von der linken Schulter nach der rechten Hüfte. Man bezeichnet diese Klasse auch durch: „das grofse Band," nennt auch wohl den Orden nach dem Bande. So heifst z. B. in Schweden der Seraphinen-Orden schlechtweg, das blaue Band, und in Dännemark eben so der Elephantenorden, so wie der Dannebrogorden das weifse Band genannt wird. Von den andern Klassen trägt es die zweite, mit wenigen Ausnahmen, gewöhnlich um den Hals, die dritte im Knopfloche, und giebt es noch eine vierte, so trägt es diese zwar auch im Knopfloche, aber ihr Kreuz ist kleiner oder die dritte Klasse unterscheidet sich auf irgend eine andere Art von ihr.

Kein Mitglied eines Ordens darf ohne die Insignien desselben erscheinen. Die Statuten einiger Orden gebieten diefs sogar unter Androhung des Verlusts des Ordens. Indessen ist es bei Orden, womit ein Bruststern verknüpft ist, hinreichend, wenn nur dieser getragen wird, und bei andern ist es üblich, im gemeinen Leben, statt der Insignien, entweder nur einen Streifen des Ordensbandes durch zwei Knopflöcher am Kleide gezogen, mit oder ohne eine durchgesteckte goldene Schnalle, worauf auch wohl das Ordenskreuz ganz klein befindlich ist, oder das Ordenskreuz in verjüngter Form, zu tragen. Doch sind diefs alles stillschweigend nachgelassene Einrichtungen, welche zur Schonung der Insignien entstanden seyn mögen und bei solchen Personen, die viele Orden besitzen, der Raumersparnifs wegen nöthig wurden. In keinem Statut irgend eines Ordens sind aber solche eigenmächtige Abbreviaturen erwähnt oder erlaubt. Im Preufsischen sind namentlich „alle Zierrathen, Veränderungen und sinnbildliche Darstellungen der Orden“ ausdrücklich verboten.

Das Ordenszeichen mit Brillanten zu zieren, ist Niemand erlaubt. Dem Oberhaupte des Ordens allein steht das Recht, es zu erlauben, zu, und es ist als eine besondere Auszeichnung anzusehen, wem dasselbe die Insignien von Brillanten ertheilt. Statt des gestickten Sterns auf dem Kleide einen massiven von Silber oder Gold zu tragen, ist unverwehrt.

Jedes Ordensglied darf das Ordenszeichen mit seinem Wappen und Petschaft vereinigen. Diefs ist gewöhnlich so vorgeschrieben, dafs bei der ersten Klasse das Wappenschild auf dem Ordenskreuze liegt, bei der zweiten das Band sich um das Wappen schlingt, und bei den übrigen das Kreuz am untern Theile des Wappens an einer Schleife hängt.

Das Ordenszeichen wird, so wie die Ordenskette,

wenn eine solche dazu gehört, jedes Mal dem Aufgenommenen entweder selbst überreicht oder zugeschickt. Zugleich erhält er ein Exemplar der Statuten, nebst einem Patent oder Diplom, oder ein Schreiben vom Ordensoberhaupt selbst unterzeichnet oder doch auf seinen Befehl ausgefertigt, worin die Beweggründe zur Aufnahme angegeben sind. Da aber alle Orden nur für persönliches Verdienst ertheilt werden und nicht forterben, so mufs auch nach dem Tode eines Ordensmitgliedes das Ordenszeichen, und, wenn eine Ordenskette dazu gehört, auch diese, an das Kollegium des Ordens zurück gesendet werden. Bei der Beerdigung darf jedoch der Sarg noch damit geziert seyn.

Das unbefugte Tragen von Orden oder Ehrenzeichen wird überall streng geahndet, im Preufsischen z. B mit Festungsarrest.

Ohne Erlaubnifs des Regenten darf kein Unterthan einen fremden Orden annehmen noch tragen. Wer einen auswärtigen Orden erhält, mufs es daher seinem Regenten anzeigen, und um dessen Genehmigung zur Annahme und Anlegung desselben ausdrücklich nachsuchen.

Die Statuten einiger Orden verbieten, andere Orden dabei zu tragen. Indessen scheint es, dafs man jetzt nicht mehr mit Strenge auf Erfüllung dieses Punktes sehen will. Einige Orden verlangen auch ein bestimmtes Glaubensbekenntnifs, als der goldene Vliefsorden das katholische. Indessen wird auch davon dispensirt, wie diefs noch neuerlich bei der Aufnahme des Prinzen Regenten von England unter die Vliefs-Ordens-Ritter im Jahre 1815, der Fall war.

Einkünfte sind nur mit wenigen Orden, und auch dann nur mit solchen, die für das Militair bestimmt sind, verknüpft. Ausländer erhalten mit solchen Orden selten auch diese Einkünfte.

Fast alle Orden haben jährlich ihren bestimmten Festtag, bald auf den Stiftungstag oder auf den Tag des Schutzpatrons des Ordens, oder auf sonst einen andern für ihn oder das Land merkwürdigen Tag. Hier und da giebt es auch für die sämmtlichen Orden eines Landes nur einen jährlichen Feiertag z. B. im Preufsischen. Solche Tage werden immer mit gewissen Feierlichkeiten begangen und an ihnen auch neu ernannte Ritter feierlich aufgenommen. Diese Aufnahme geschieht öffentlich in einer Kirche, welche den Namen Ordens-Kapelle führt, oder in eigends darnach genannten Sälen des Palastes des Regenten. Der Grofsmeister, mit den sämmtlichen im Orte einheimischen Rittern in der Ceremonienkleidung, der Hofstaat und die Grofsen des Reichs sind dann zugegen. Die Ceremonie der Aufnahme selbst ist nicht überall dieselbe, stimmt jedoch darin mehr oder weniger überein, dafs der Ordensherr die neuen Ritter durch Berührung mit dem Schwerdte zu Rittern schlägt, ihnen die Ordenszeichen entweder selbst umhängt oder giebt oder übergeben läfst und sie auch wohl umarmt. Bei manchen Orden müssen die Aufgenommenen einen vorgeschriebenen Eid leisten, was aber in den Statuten der neuern Orden fast gar nicht mehr verlangt wird und auch wohl, bei den jetzigen Zwecken der Orden, unnöthig ist.

Zur Aufnahme in verschiedene Orden ist, für niedere als fürstliche Personen, die Erweisung einer bestimmten Zahl Ahnen erforderlich, so wie bei andern wenigstens der Adel nöthig ist. Mit einigen erhält der Bürgerliche zugleich das Recht, seinem Namen das „von“ vorzusetzen z. B. mit dem Orden der baierschen Krone; oder er wird stillschweigend durch den Orden geadelt oder es darf ihm die Erhebung in den Adelstand, wenn er es verlangt, nicht versagt werden, oder er erhält mit dem Orden den persönlichen Adel, z. B. mit dem würtembergischen Civil-Verdienstorden. Bei allen Verdienst-Orden, ohne Ausnahme, wird aber auf den Stand und die Geburt gar keine Rücksicht genommen. Sie werden, oder, sie sollen wenigstens, wie auch billig ist, nur dem Verdienstvollen zu Theil werden, er heifse wie er wolle. Übrigens hat jeder Ritter eines Ordens adeligen Rang.

Die Ritter eines Ordens rangiren als solche nach ihrer Aufnahme. Sie dürfen sich Ritter des besitzenden Ordens nennen und müssen so genannt werden. Die Militair-Ehren, welche sie erhalten, sind nicht überall gleichartig bestimmt. Die Ertheilung des Karakters eines Ritters erlöscht nur mit dem Tode. Wenn daher ein Orden aufgehoben wird, so tragen dennoch die Ritter desselben das Ordenszeichen fort. Von dieser Regel haben wir freilich in der neuesten Zeit viele Ausnahmen machen sehen, was aber auch nur unter solchen aufserordentlichen Umständen geschehen konnte und geschehen mufste.

Der Verlust der Orden wird nur vom Oberhaupt des Ordens bestimmt und zwar für Handlungen, welche dem Begriff von Ehre zuwider laufen und woraus irgend ein Mangel an Muth, an Pflichttreue und an Unbescholtenheit hervorgeht. Bevor dieser Verlust vom Regenten ausgesprochen ist, darf an dem Inhaber des Ordens keine Lebens-, Leibes- oder Ehrenstrafe vollzogen werden.

Viele Orden, besonders die vornehmsten, haben eine eigene Ceremonien- oder Ordenskleidung, die gewöhnlich sehr prächtig, und, nach der Verschiedenheit der Klassen, etwas verschieden ist. Kein Militairorden hat aber eine solche.

Für das Erhalten eines Ordens wird in manchen Staaten, z. B. in Dännemark, viel, in manchen etwas, in einigen gar nichts entrichtet. Nicht immer kommt aber eine solche Abgabe in die Ordenskasse oder an die Ordensbeamten; oft ist auch irgend eine andere für einen wohlthätigen Zweck bestimmte Kasse darauf angewiesen. Für die meisten Verdienstorden wird — wie billig — nichts entrichtet.

Weibliche Orden sind nur allein für das schöne Geschlecht bestimmt und nicht zahlreich. Unter ihnen zeichnet sich der jüngste, der Preufsische Luisenorden, dadurch aus, dafs er ohne Rücksicht des Standes und der Geburt ertheilt wird, was bei allen übrigen nicht der Fall ist, die wenigstens den adeligen Stand erfordern. Sie bestehen, bis auf den Russischen Katherinenorden, alle nur aus einer Klasse.

Die Bestimmung des Ranges der Ritterorden eines und desselben Souverains hängt ganz von diesem ab. Wie aber die verschiedenen Orden aller Souveraine rangiren, darüber giebt es keine Vorschrift noch Übereinkunft. Sollte einmal hierüber etwas festgesetzt werden, so würde wohl am passendsten ihr Alter zur Richtschnur zu nehmen seyn. Gewöhnlich hält man den englischen Hosenbandorden für den vornehmsten, worauf der des goldenen Vliefses und dann der dänische Elephantenorden folgen.

In allen Staaten, die Orden haben, giebt es auch Ehrenzeichen, sowohl fürs Civil, als fürs Militair, um auch solche Personen, die sich nicht zu Ordensertheilungen eignen, öffentlich auszeichnen und ehren zu können. Sie haben gröfstentheils die Form von Medaillen, einige aber auch die eines Kreuzes und werden gewöhnlich am Bande eines der Orden des Regenten, der sie vergiebt, getragen.

Aufser den Orden und Ehrenzeichen giebt es aber auch eine Art der öffentlichen Auszeichnung, die, wenn sie auch nicht unter die Orden gehört, dennoch hier erwähnt werden mufs. Ich meine die, wenn der Regent Jemand mit seinem Bilde beschenkt, um es auf der Brust oder an der Seite zu tragen. Diese seltene Auszeichnung ist immer als der höchste Grad von Gnade des Gebers zu betrachten, geniefst der gröfsten Ehre und steht im Range wohl über jedem Orden. Gewöhnlich ist ein solches Bild mit Brillanten umgeben, wird am Bande des vornehmsten der Orden dessen, der es giebt, getragen und bleibt sein Eigenthum. Das jüngste Beispiel einer solchen Auszeichnung ist das des Prinzen - Regenten von England, der dem Fürsten Blücher sein Bild verehrte.

ÖSTERREICH.

1. Orden des goldenen Vliefses. 1 Klasse.

2. Maria - Theresien-Orden. 3 Klassen.

3. Orden des heiligen Stephans. 3 Klassen.

4. Leopolds-Orden. 3 Klassen.

5. Orden der eisernen Krone. 3 Klassen.

6. Elisabeth-Theresien-Orden. 1 Klasse.

7. Orden des Sternkreuzes. 1 Klasse.

Ehrenzeichen.

I.

ORDEN VOM GOLDENEN VLIESS.

Der Orden vom goldenen Vliefs nimmt unter allen Ritterorden Deutschlands den ersten, und, nach einem angenommenen Herkommen, den zweiten Rang unter allen weltlichen Ritterorden ein. Sein Alter und das Ansehn, in welchem er stets erhalten worden ist, berechtigen ihn auch hierzu.

Philipp, Herzog von Burgund, einer der mächtigsten Fürsten seiner Zeit, welcher den schönen Beinamen: des Gütigen führt, stiftete ihn, zur Ehre der Jungfrau Maria und des Apostels Andreas, am 10. Jan. 1430, an welchem Tage er sich zu Brügge in Flandern mit seiner dritten Gemahlin, der Prinzessin Isabelle von Portugall, vermählte.

Die Beweggründe und die Absichten, welche Philipp bei Stiftung dieses Ordens hatte, enthält der Eingang der Statuten, wo es heifst: „dafs er wegen seiner be-„sondern Liebe und Neigung für das Ritterthum, dessen „Ehre und Wachsthum er eifrig wünsche, damit der „wahre katholische Glaube, die Kirche, die Ruhe und „das Wohl des Staats, so viel als möglich vertheidigt,

„beschützt und aufrecht erhalten werde, um den Glau-
„ben, die heilige Kirche, Tugenden und gute Sitten zu
„befördern und auszubreiten, den Orden des goldenen
„Vliefses errichtet habe.“

Warum Philipp dem Orden den Namen des goldenen Vliefses gegeben, verschweigen sowohl die Statuten, als die Geschichte. Desto mehr Vermuthungen giebt es darüber. Von allen verdient jedoch diejenige den meisten Beifall: dafs durch die unter Jasons Anführung von den Argonauten geschehene Eroberung des in der griechischen Fabellehre merkwürdigen goldenen Vliefses oder Felles die Idee zur Benennung herbeigeführt worden sei. Philipp habe gerade um diese Zeit mit seinen Rittern einen ähnlichen Kreuzzug nach Sirien gegen die Türken beabsichtigt, wie jener Zug Jason's nach Kolchis gewesen, und dazu habe er ihnen die Argonauten als Vorbild der Tapferkeit aufgestellt. Den heiligen Andreas soll Philipp deshalb zum Schutzpatron des Ordens erwählt haben, weil die alten burgundischen Herzoge ein Kreuz von ihm bekommen hatten, daher auch jetzt noch ein Burgundisches - oder Andreas - Kreuz gleichbedeutend sind. Beim zweiten Ordensfeste, das am 30. Nov. 1431 zu Ryssel gehalten ward, wurden die in burgundischer und altfranzösischer Sprache verfafsten, aus Lille vom 27. dess. Monats datirten, Statuten, bekannt gemacht. Ein Artikel darin setzte fest: dafs wenn das burgundische Haus in männlicher Linie erlösche, der Gemahl der Tochter und Erbin des letzten Souverains, Oberhaupt des Ordens seyn solle. Als daher Karl der Kühne in der Schlacht bei Nanci am

Der Kais: Oesterr: Orden vom goldnen Vliess.

2. Jan. 1477 blieb, und sein Geschlecht mit ihm erlosch, seine einzige Tochter und Erbin aber sich wenige Monate darauf mit dem Erzherzoge von Österreich, nachherigem deutschen Kaiser Maximilian I., vermählte, so kamen hierdurch die burgundischen Niederlande und mit ihnen der Besitz des Ordens und das Grofsmeisterthum desselben an das Haus Österreich. Nach seines Enkels, Karl V., Thronentsagung 1556 blieb die österreichisch-spanische, oder die spanisch-niederländische Linie des Hauses Österreich im Besitz des Ordens. Als aber diese am 1. Nov. 1700 mit König Karl II. ausstarb, und der Krieg über die spanische Succession und die ehemahls zu Spanien gehörigen niederländischen und burgundischen Länder ausbrach, sprachen sowohl Karl III. (nachher Kaiser Karl VI.) als König Philipp V. das Recht um die Herrschaft über diesen Orden an. Karl konnte jedoch nicht Spanien, nur die Niederlande, behaupten, und da deren vormaliger Besitzer der Ordensstifter gewesen war, so erklärte er sich auch für das einzig rechtmäfsige Oberhaupt des Ordens, nahm, als er Spanien verliefs, das Ordensarchiv mit, und feierte hierauf in Wien 1713 das Erneuerungsfest des Ordens mit grofser Pracht. König Philipp V. von Spanien erklärte sich indessen ebenfalls für den Besitzer des Grofsmeisterthums und protestirte auf dem Kongresse zu Cambrai 1721 gegen Karls Erklärung. Im Wiener Frieden von 1725 verglichen sich jedoch beide dahin: dafs jeder die angenommenen Titel — worunter der des Grofsmeisters vom Orden des goldenen Vliefses stillschweigend mit

verstanden wurde — zeitlebens behalten solle, ihre Erben aber nur die Titel der Länder führen dürften, die sie wirklich besäfsen. Nach Karls Tode übertrug Maria Theresia das Grofsmeisterthum ihrem Gemahl Franz I. Hiergegen protestirte Philipp 1741 bei dem Wahlconvente zu Wien und zu Frankfurt, und verlangte, dafs das Haus Österreich keinen Anspruch darauf machen, sondern es der Krone Spanien gänzlich abtreten solle. Bei den Friedenstractaten zu Achen 1748, trugen Frankreich, England und Holland darauf an, den Streit über diese Grofsmeisterstelle beizulegen. König Ferdinand VI. von Spanien liefs aber durch seinen Gesandten erklären: dafs es keines Beilegens bedürfe und dafs jene Stelle mit der Krone Spaniens unzertrennlich verknüpft sei. Maria Theresia protestirte aber hiergegen und erklärte, dafs ihrem Gemahle die Grofsmeisterstelle allein zukäme. Da nun kein Theil nachgab, so blieb der Streit unentschieden, und die Regenten beider Staaten ernennen seitdem und bis jetzt noch, unter Ertheilung fast gleicher Ordenszeichen, Ritter des goldenen Vliefses, zu deren Unterscheidung nur der Zusatz, des österreichischen oder spanischen Vliefsordens, kommt. Durch diese Schicksale hat der Orden eine mehr als gewöhnliche historische Bedeutsamkeit erhalten, die nur wenigen andern Orden noch zu Theil ward. Sein Ansehn zu erhalten und zu befestigen, war man zwar immer bemüht gewesen, und schon im Jahre 1433 ertheilte der Papst Eugen IV. dem Orden eine förmliche Bestätigung, vorzüglich aber geschah diefs seit Maximilian I. Regierung. Theils erfolgte 1516 eine gleiche päpstliche Bestätigung von Leo X., theils verlieh Maxmilian selbst, besonders aber sein Nachfolger, Karl V., und König Philipp II. von Spanien dem Orden gar manche Vorrechte. Die Ritter erhielten den Rang über alle Personen des Hofes, ausgenommen über die Prinzen vom Geblüte der gekrönten Häupter; sie wurden von allen Abgaben befreit; Philipp IV. erlaubte ihnen, sich wie die Grofsen des Reichs in Gegenwart des Königs zu bedecken, und in alle Zimmer des Pallasts ungehindert eintreten zu können u. s. w.

Die Statuten des Ordens, worin er *l'ordre de la toison d'or* genannt wird, haben nach und nach mancherlei Veränderungen erlitten. Das Wesentliche davon, so wie sie jetzt sind, besteht darin: dafs das Oberhaupt des Ordens ganz aus freier Willkühr die Ritter, deren Anzahl unbestimmt ist, welche aber immer katholischer Religion seyn müssen, ernennt; dafs kein Ritter neben diesem Orden noch einen andern tragen darf, wovon jedoch Regenten, die selbst Ordenshäupter sind, in Hinsicht ihrer Orden, und Österreicher in Hinsicht aller österreichischen Orden ausgenommen sind; dafs das Oberhaupt selbst keinen fremden Orden annehmen darf, womit es jedoch gegenwärtig nicht so streng mehr genommen zu werden scheint, dafs ferner kein Ritter ohne Erlaubnifs in fremde Militairdienste treten darf; und dafs Hochverrath und Feigheit im Kriege des Ordens verlustig machen.

Das Ordenszeichen, welches hierbei abgebildet ist, besteht aus einem goldenen Lammes - oder Widderfelle (Vliefs) mit einem goldenen blauemaillirten Feuersteine darüber, auf welchem die aus dem Claudian genommenen Worte stehen: *Pretium laborum non vile* (nicht geringer Preis der Arbeiten.) Es war anfänglich Vorschrift, dieses Zeichen beständig um den Hals an einer goldenen Kette zu tragen, deren Glieder — wie die Abbildung zeigt — aus Feuerstahlen und Feuersteinen woraus Flammen springen *) besteht. Da diefs aber beschwerlich war, so erlaubte schon Kaiser Karl der V. statt derselben ein zweifingerbreites ponceaurothes oder goldenes Band zu nehmen, an welchem das Ordenszeichen um den Hals oder im linken Knopfloche getragen werden durfte. Gegenwärtig wird es immer an einem hochrothen Bande um den Hals getragen, und die Kette wird nur bei feierlichen Gelegenheiten über die gewöhnliche Hofkleidung angelegt. Bei ganz besondern Feierlichkeiten und bei den Ordensfesten erscheinen die Ritter in einer eignen Ordenskleidung. Sie ist äufserst prächtig **) und besteht in einem hochrothen sammtnen mit weifsem Taffet gefüttertem Talar, über welchem ein purpurfarbiger, mit weifsem Atlas gefütterter langer Mantel getragen wird. Dieser ist mit einer breiten reichen Stickerei eingefafst, in welcher Feuersteine und Stahle mit hervorspringenden Flammen und Funken, häufig angebracht sind. Der äufsere Saum des Mantels ist von weifsem Atlas und auf demselben der oft wiederholte Denkspruch in Gold gestickt: *Je l'ay empris.* (Ich habe ihn, den Orden, angenommen.)

*) Die alte Devise des Hauses Burgund.

**) Siehe das Titelkupfer.

Den Kopf bedeckt eine Mütze auch von purpurfarbigem mit Gold gesticktem Sammet, mit einem rückwärts niederfallenden Mäntelchen, und daran auf der linken Seite eine herabhängende glatte Streifbinde. Schuhe und Strümpfe sind roth.

Das Ordensfest wird jährlich in Wien am St. Andreastage oder dem darauf folgenden Sonntage gefeiert. Der Kaiser und alle in Wien anwesende Ritter gehen da in jener Prachtkleidung in Prozession in die Hofkirche, wo Gottesdienst ist, kehren dann in die Burg zurück und speisen im Rittersaale an offener Tafel. Am heiligen Dreikönigstage ist in der Hofkirche Toison-Amt. Wenn der Kaiser Ritter ernennt hat, so versammeln sich an dem zur Aufnahme bestimmten Tage die anwesenden Ritter in eben dieser Prachtkleidung bei Hofe, wo in Gegenwart des Kaisers Kapitel gehalten wird. Ist diefs geendigt, so verfügt sich der Kaiser unter Vortretung des Hofstaates und in Begleitung der Ritter in den Rittersaal, und nimmt seinen Platz unter dem Baldachin, so wie die Ritter die ihnen bestimmten Plätze ein. Hierauf werden die anwesenden Kandidaten, welche in der Ordenskleidung in der Rathsstube warteten, durch den ältesten Ritter unter Vortretung des Wappenkönigs in den Rittersaal vor den Thron geführt. Nachdem sie vom Oberhaupt den Ritterschlag mit dem entblöfsten Schwerdte erhalten, und den vorgeschriebenen Eid, in welchem sie Treue und Gehorsam gegen den Souverain und Beobachtung der Statuten angeloben, geleistet haben, so hängt ihnen derselbe mit eigner Hand die Ordenskette um und umarmt sie, was nachher sämmtliche Ritter ebenfalls thun. Nach vollendeter Feierlichkeit geht der Zug auf die nämliche Art zurück, und die neu aufgenommenen Ritter treten nach ihrem Range ein.

Die Beamten des Ordens sind: ein Kanzler, ein Schatzmeister, ein Greffier und ein Wappenkönig oder Herold.

II.

MARIA - THERESIEN - ORDEN.

Als im Jahre 1756 der Krieg mit Preufsen ausbrach, welcher hernach den Namen des siebenjährigen erhielt, beschlofs die Kaiserin Maria Theresia, einen militairischen Verdienstorden zur Belohnung für tapfere Officiere ihrer Armee zu errichten. Dieser Entschlufs wurde im Mai 1757 bei der Armee bekannt gemacht, und als am 18. Jun. dess. J. die Schlacht bei Kollin von den Österreichern gewonnen war, so wurde im folgenden Monat dem kaiserlichen Kriegsheer eröffnet: dafs jener merkwürdige Tag, als der Stiftungstag des neuen Ordens angesehen, der Orden nach dem Namen der Stifterin: Militairischer Maria Theresia Orden genannt werden solle, und der Kaiser Franz I. die Grofsmeisterstelle desselben übernommen habe. Die Statuten selbst erschienen hierauf unterm 12. Dec. 1758. Ihnen zu Folge ist das jedesmalige Oberhaupt des österreichischen Erzhauses Grofsmeister. Nur wirkliches militairisches Verdienst soll ihn erhalten und weder hohe Geburt noch andere Rücksichten, noch Religion, noch Anciennität oder Rang hierbei entscheiden. Jede militairische Grofsthat, die ohne Verantwortung hätte unterlassen werden können, aber dennoch unternommen wurde, giebt Ansprüche darauf. Die Ertheilung geschieht entweder nach vorausgegangenem Gutachten des Kapitels, das unter Beobachtung gewisser Formalitäten abgefafst wird, oder auf der Stelle, ohne alle Formalitäten, durch den Grofsmeister. Im erstern Falle mufs das Kapitel bei der Untersuchung und Prüfung einer tapfern That mit der strengsten Unpartheilichkeit, mit Bedacht, mit einer vernünftigen Schärfe und mit der gröfsten Verschwiegenheit zu Werke gehen. Nur die Ehre des Ordens und die Beförderung des Dienstes soll ihm dabei zur Richtschnur dienen, so dafs Jedermann den untrüglichen Schlufs müsse machen können, dafs der Besitzer dieses Ordens ihn durch eine aufserordentliche tapfere militairische That erworben habe. Wenn der Grofsmeister in eigner Person den Orden ertheilt, so findet dabei folgendes Ceremoniel statt: Der Ordens-Kanzler macht den Ordens-Kandidaten ihre Ernennung nebst Tag und Stunde ihrer Einführung schriftlich bekannt. Zugleich werden alle anwesenden Generale und Stabs-Officiere eingeladen, der Feier beizuwohnen. Zur festgesetzten Stunde erscheint der Kaiser, unter Vortretung der Ordensbeamten, Kammerherrn, Geheimeräthe, der Oberhofämter und anderer mehr. Unmittelbar vor ihm geht der Obersthofmarschall und trägt, aufrecht haltend, das entblöfste Staatsschwerdt. Der Kaiser läfst sich sodann auf den Thron nieder. Ihm zur Rechten steht ein mit rothem Sammt bedeckter Tisch, worauf rothsammtne Polster, die Patente und die Ordenszeichen liegen, und neben welchem der Schatzmeister und der Greffier stehen. Die übrigen Gegenwärtigen nehmen die angewiesenen Plätze ein.

Der Oberstkämmerer führt nun die Ordenskandidaten herein, welche sich dem Throne gegenüber stellen. Hierauf nähert sich der Ordenskanzler dem Throne, empfängt knieend die Befehle des Kaisers, tritt einige Schritte zurück und hält eine kurze Rede an die Versammlung, worin er sowohl von der Stiftung und dem Endzweck des Ordens als auch von den Verdiensten der Aufzunehmenden spricht. Nach dieser nähern sich die Kandidaten einer nach dem andern dem Throne, und knieen auf ein rothsammtnes Polster nieder, das der Oberkammerfourier hinlegt. Der Schatzmeister giebt dem Ordenskanzler das Ordenszeichen, und dieser giebt es dem Kaiser, der es dem Kandidaten mit den Worten umhängt: „Empfanget aus Unsern Händen das Zeichen „des militairischen Maria-Theresien-Ordens. Dieses „dienet zum Beweise Eurer Thaten und Aufnahme in „diesen Orden, der allein der Tapferkeit und Klugheit „gewidmet ist. Gebrauchet dessen zur Ehre Gottes, zum „Dienst Unseres Hauses und zur Vertheidigung Unseres „Vaterlandes.“

Nach diesen Worten umarmt der Kaiser die hierdurch nun aufgenommenen Ritter, und der Zug begiebt sich in derselben Ordnung wie er kam wieder hinweg.

Steht die Armee im Felde, so geschieht die Aufnahme im Hauptquartiere, in Gegenwart sämmtlicher General-Staabs- und Oberofficiere. Die Stelle des Kaisers vertritt alsdann der Präsident des Ordenskapitels, gewöhnlich der Oberbefehlshaber der Armee, der zugleich Groſskreuz ist. Nach Umständen geschieht jedoch die Übergabe auch durch einen andern Groſskreuz, oder es wird das Ordenszeichen durch den Präsidenten mittelst Schreibens zugeschickt.

Die Zahl der Mitglieder des Ordens ist unbestimmt. Anfänglich gab es nur Groſskreuze und Ritter. Kaiser Joseph II. fügte aber am 15. Oktober 1765 noch eine dritte Klasse hinzu, so daſs gegenwärtig drei sind, Groſskreuze, Kommandeurs und Ritter.

Das Ordenszeichen ist ein achteckiges Kreuz mit breiten Enden, weiſs emaillirt und mit Gold eingefaſst. Das runde Mittelschild, mit Gold eingefaſst, zeigt das österreichische Wappen, und ist von einem weiſsen Reif umgeben, in welchem das Wort: *Fortitudine* mit goldenen Buchstaben steht. Die Rückseite dieses Schildes zeigt auf weiſsem Grunde die in einander verschlungenen Buchstaben *M. T. F.* (Maria Theresia, Franz) mit einem goldenen Reif und einem Lorbeerkranz umgeben.

Das Ordensband ist von den Farben des österreichischen Wappens und in drei gleich breite Streifen getheilt. Der mittlere ist weiſs und die zwei äuſsern ponceauroth.

Die Groſskreuze tragen das Ordenszeichen an einem solchen handbreiten Bande von der rechten Schulter zur linken Hüfte, und auf der linken Brust der Vorderseite des Ordenskreuzes in Silber gestickt und auf einem Lorbeerkranze liegend. Diesen Bruststern fügte erst Joseph II. 1765 hinzu.

Die Kommandeurs tragen das Ordenszeichen der Groſskreuze am Halse an einem etwas schmalern Bande, aber ohne den Stern auf dem Kleide. Die Ritter tragen es noch kleiner an einem zwei Finger breiten Bande im Knopfloche.

Das Grofskreuz wird sehr sparsam ertheilt, und dann auch nur in Fällen, wo Herzhaftigkeit und ein aufserordentliches kluges Benehmen vereint, einen wichtigen Erfolg erzeugen. Alle Promotionspatente werden taxfrei ausgefertigt.

Der Rang der Mitglieder jeder der drei Klassen richtet sich nach der Folge der Aufnahme derer, die zu der nämlichen Zeit ernennt worden sind, nach ihrem Militairkarakter, und wenn mehrere von gleichem Karakter zusammen treffen, nach ihrem Dienstalter. Wenn ein Ritter Audienz beim Kaiser sucht, so erhält er sie, ohne sich erst beim Oberstkämmerer defshalb melden zu müssen. Auch haben sämmtliche Ritter Zutritt sowohl bei den Hoffesten und Ordinari-Apartements, als auch bei den sogenannten Spiel- oder kleinern Apartements. Sie erlangeu durch den Orden den Ritterstand, wenn sie sich nicht schon darin befanden, und wenn ein Ordensmitglied es begehrt, so wird ihm auch unentgeldlich der Titel eines Barons ertheilt.

Ein auswärtiger Orden soll eigentlich neben dem Theresien-Orden nicht getragen werden. Doch ist man in neuern Zeiten über diese Vorschrift hinausgegangen. Eben so wird auch jetzt die anfänglich verordnete Einrichtung, dafs der Orden nur Österreichern ertheilt werden soll, nicht mehr befolgt, und es erhalten ihn auch Militairs anderer Mächte, die in Kriegszeiten mit Österreich verbunden sind.

Für die verstorbenen Ritter katholischer Religion

wird ein eignes Seelenamt in der Augustiner Hofkirche gehalten.

Kanzler des Ordens ist der jedesmalige Hof- und Staatskanzler. Die andern Beamten, welche unter ihm stehen, sind ein Schatzmeister und ein Greffier.

Zum Besten des Ordens und zur Bestreitung des bei demselben nöthigen Aufwandes sind ihm jährlich 150,000 Gulden Einkünfte angewiesen. Davon erhalten 20 Grofskreuze jeder 1500 Gulden, und sämmtliche Kommandeurs jeder 600 Gulden. Von den Rittern bekommen die hundert ältesten jeder 600 Gulden, vom zweiten Hundert jeder 400 Gulden jährliche Pension, und zwar so, dafs diese jenen immer im Genufs nachrücken, und diesen wieder die noch unpensionirten folgen. Die Witwen aller, welche Pension beziehen, erhalten lebenslänglich die Hälfte derselben.

Das Ordensfest wird jährlich am 15. Oktober, als dem Festtage der heiligen Theresia und dem Namenstage der erlauchten Stifterin, oder doch am ersten Sonntage darnach, gefeiert. In Friedenszeiten geschieht es bei Hofe, in Kriegszeiten im Hauptquartiere der Armee. Im erstern Falle gehen alsdann der Grofsmeister und alle Ritter in ihren Uniformen — eine eigene Ordenstracht haben sie nicht — aus den Hofzimmern in die Hofkirche, und nach geendigtem Gottesdienste wieder dahin zurück, wo dann an offner Tafel gespeist wird.

III.

ORDEN DES HEILIGEN STEPHAN.

Die Kaiserin Maria Theresia, welche das Talent und Verdienst im Civil eben so durch öffentliche Anerkennung dankbar auszeichnen wollte, wie sie es für das Militair durch den früher errichteten Theresien-Orden konnte, stiftete hierzu am 5. Mai 1764, dem Tage, an welchem ihr Thronfolger, der Erzherzog Joseph, nachheriger Kaiser Joseph II., zum römischen Könige gekrönt ward, den St. Stephans-Orden. Zum Zeichen der Verehrung des Andenkens an den zum Heiligen erhobenen ersten apostolischen König und Stifter des Königreichs Ungarn, Stephan, nannte sie ihn: Orden des heiligen apostolischen Königs Stephan.

Den vom 6. Mai 1764 datirten Statuten zu Folge soll er zur Anerkennung und Belohnung für Verdienste, dem Regenten und dem Staate erwiesen, dienen. Das Grofsmeisterthum ist immer mit der Krone Ungarn vereinigt. Regiert eine Prinzessin, so ist der Thronfolger Grofsmeister. Die Zahl der Ritter, welche aus drei Klassen bestehen, ist auf hundert festgesetzt, wovon 20 Grofskreuze, 30 Kommandeurs, und 50 Kleinkreuze seyn sollen; doch wird diese anfängliche Bestimmung nicht mehr streng beobachtet, so wie auch Geistliche — denn auch diese sind der Ertheilung fähig — nicht unter jene Zahl mit gerechnet werden. Der Adelstand ist aber ein nothwendiges Erfordernifs zu seiner Erlangung, und zwar für die beiden ersten Klassen der alte und vornehme, für die dritte der niedere Adel. Das Alter ihres Geschlechts müssen Edelleute wenigstens durch vier Grade darthun. Grafen und Barone, so wie die österreichischen Kammerherrn haben diefs nicht nöthig. Inländer werden mit der Erhaltung des Grofskreuzes wirkliche geheime Räthe, und mit der des Kommandeurkreuzes Dekretal-Geheime-Räthe. Kleinkreuze werden, wenn sie es wünschen, zu Grafen oder Baronen taxfrei erhoben. Hiernach ist daher der Stephansorden lediglich ein adeliger Civil-Verdienstorden.

Das Ordenszeichen ist ein achteckiges grün emaillirtes mit goldenen Streifen eingefafstes Kreuz. In dem runden roth emaillirten Mittel-Schilde sieht man einen grünen Hügel mit einer goldenen Krone gedeckt, auf welcher das silberne apostolische Kreuz — das auf den von der Stifterin wieder erneuerten Titel „apostolisch" deutet — steht. Ihm zur Seite sind die goldenen Buchstaben *M. T.* (Maria Theresia) und um den Schild herum auf weifsem Grunde die Worte: *Publicum Meritorum Praemium*, (Öffentliche Belohnung der Verdienstvollen). Über dem Kreuze ist die ungarische goldene Krone angebracht. Auf der Kehrseite des Schildes, das hier weifs und mit einem Eichenkranze umgeben ist, stehen die Buchstaben: *S T O. S T. R J. A P.* (*Sancto stephano*, *regi apostolico.*) Die Grofskreuze tragen es an einem breiten, in der Mitte ponceaurothen und auf den Seiten grünen *) Bande von der rechten Schulter zur linken Hüfte, und dabei einen silbernen Stern auf der linken Brust, in dessen Mitte die Vorderseite des Ordenszeichens, mit einem Lorbeerkranze umgeben, sich befindet. Groſskreuze geistlichen Standes tragen es nur um den Hals. Die Kommandeurs tragen es auch um den Hals und die Kleinkreuze im Knopfloche, beide an einem schmalern gleichfarbigen Bande und ohne Stern.

Jährlich am St. Stephanstage ist das Fest des Ordens, welchem die in Wien gegenwärtigen Ritter in der vorgeschriebenen Festkleidung eben so wie dem heiligen Meſsopfer, das nach dem Feste für die verstorbenen Ritter gehalten wird, beiwohnen müssen. Die Fest- oder Ritterkleidung ist altungarisch, und besteht in einem langen grünsammetnen, mit karmoisinrothem Taffet gefütterten und mit Hermelin verbrämten Rittermantel, dessen Ärmel oben weit sind und enge zulaufen; ferner in einem Unterkleide von karmoisinrothem Sammet und einer solchen beutelförmigen Mütze mit Hermelin verbrämt und Reiherfedern geziert, welche in einer roth und grün emaillirten Scheide stecken. Auf dem Mantel der Groſskreuze läuft neben der Hermelin-Verbrämung eine Guirlande von goldenen Eichenblättern, und ihr Unterkleid ist mit goldenen zerstreuten Eichenblättern durchstickt. Die Kommandeurs haben statt der Guirlande eine bortenartige Stickerei, und die Kleinkreuze eine ähnliche, aber schmalere. Auſserdem tragen die Groſskreuze noch als einen Vorzug vor den

*) Grün und roth sind die Farben des Königreichs Ungarn.

übrigen Rittern eine goldene Kette um den Hals, deren Glieder aus der Ungarischen Krone, zweien *S S* (St. Stephan) und den Buchstaben *M. T.* (Maria Theresia) abwechselnd bestehen. In der Mitte derselben ist ein Schild, worauf man einen goldenen Adler mit ausgebreiteten Flügeln (das Sinnbild des österreichischen Hauses) sieht, und die Inschrift: *STRINGIT AMORE* (durch Liebe vereinigt). An diesem Schilde hängt das Ordenskreuz. Diese Kette mufs bei jeder Ordensfeierlichkeit getragen werden.

Die Aufnahme in den Orden ist so vorgeschrieben: Nachdem die Kandidaten — denn gewöhnlich werden mehrere zugleich aufgenommen — durch den Ordenskanzler schriftlich benachrichtigt sind, welcher Ehre sie theilhaftig werden, und zu welcher Zeit sie im Ordenskapitel erscheinen sollen, so müssen sie in der Ordenskleidung sich im Vorzimmer einfinden, von wo sie aber nicht eher in die Kapitelstube treten, bis der Ordensherold ihnen dazu ein Zeichen giebt. Hier sitzt der Ordens-Grofsmeister unter einem Baldachin, umgeben von den Ordens-Beamten und Rittern. Der Ordens-Kanzler macht der Versammlung den Willen des Grofsmeisters und den Endzweck des zu haltenden Kapitels bekannt, sagt den Kandidaten einiges über den zu beschwörenden Eid, und liest ihre Namen ab. Der Ordens-Greffier liest dann den Inhalt der zu beschwörenden Pflichten vor, und nun knieen die Kandidaten in der Ordnung, wie sie abgelesen sind, auf einen Schemmel nieder, der vor einem Kruzifix steht, um so den Eid abzulegen, von welchem jedoch nach

Umständen der Großmeister entbindet. Ist dieß geschehen, und haben sie sich wieder an ihre vorige Stelle begeben, so spricht der Großmeister folgendes in lateinischer Sprache zu ihnen:

„*Quam jurisjurandi religione prompti vovistis ob-„servantiam et fidem, illam, ut strenuos ac honoratos „decet Equites, omni loco ac tempore, vos integram „servaturos, prorsus non ambigimus. Recepturi igitur „de manu N o s t r a per Nos, vobis designatum Ordi-„nis signum, eorum, quae nunc religione spopondistis „inviolabilem memoriam conservate. Nos autem gra-„tiam et benevolentiam Nostram vobis confirmamus.* *)"

Hiermit ist das Kapitel geendigt, und alles begiebt sich in die Ordens-Vesper. Die Kandidaten, welche bis zum Tage der Aufnahme als Novizen betrachtet werden, und das Ordenszeichen auch noch nicht haben, folgen zwar mit in die Kapelle, nicht aber unter den übrigen Rittern, sondern müssen vor den Ordensbeamten hergehen. Die Überreichung des Ordenszeichens oder die eigentliche Aufnahme geschieht erst am St. Stephanstage. Hier präsidirt der Großmeister wieder unter dem Baldachin. Der Ordens-Kanzler hält wieder eine kurze Anrede an die Kandidaten, welche dann

*) Wir sind überzeugt, daß ihr den Eid der Nachachtung und Treue, den ihr so eben öffentlich geleistet habt, überall und stets, wie es gestrengen und ehrsamen Rittern geziemt, unverletzt halten werdet. Wenn ihr daher aus Unserer Hand das euch bestimmte Ordenszeichen empfangt, so komme das jetzt feierlich angelobte Versprechen nie aus eurem Gedächtniß. Wir aber versichern euch Unsere stete Gnade und Wohlwollen.

nach dem Grade, den sie erhalten, zum Thron gehen. Der Grofsmeister hängt den Grofskreuzen die Kette, und den Kommandeurs das Band selbst um, den Kleinkreuzen aber übergiebt er die Dékoration zur eignen Befestigung. Dabei sagt er folgende lateinische Worte:

„*Accipe signum ordinis equitum S. Stephani, pu-*
„*blicum singularium* *) *meritorum tuorum testimo-*
„*nium ac praemium illudque semper adpensum gerito,*
„*ut nempe, quid deo, Nobis, Domuique nostrae atque*
„*ordinis hujus dignitati debeas, honoris quem a Nobis*
„*accepisti, magnitudine monitus, nunquam ignorare*
„*possis.* **) Bei den Kommandeurs und Kleinkreuzen werden statt der Worte: „*honoris magnitudine*" die: „*honoris, quod a Nobis hodie accepisti, insigni moni-*
„*tus*" gebraucht. Als ein Zeichen der Gnade umarmt der Grofsmeister die Grofskreuze, was die Ordensglieder als eine Freundschaftsversicherung ebenfalls thun, und womit die Handlung geendigt ist.

Auf vorbeschriebene Art und an zwei verschiedenen Tagen soll, nach den Statuten, die Aufnahme geschehen, aber gewöhnlich haben sämmtliche Ceremonien an einem und demselben Tage statt. Nachdem nämlich die

*) Diefs Wort wird nur bei den Grofskreuzen gebraucht.

**) Empfange das Ordenszeichen der Ritter des heiligen Stephans als ein öffentliches Zeugnifs und Belohnung deiner (besondern) Verdienste, trage es beständig an dir, damit die hohe Ehre, die dir heute von Uns widerfahren ist — (damit das Ehrenzeichen, das du heute von Uns empfangen hast) — dich erinnere, nie zu vergessen, was du Gott, Uns, Unserm Hause und der Würde dieses Ordens schuldig bist.

Kandidaten in den Rittersaal eingeführt sind, werden sie zuerst durch Berührung mit dem Schwerdte zu Rittern geschlagen, leisten den Eid und erhalten alsdann zugleich die Ordenszeichen.

Das Diplom, was jedes Mitglied erhält, hat für die Grofskreuze die Gestalt eines Buchs, für die übrigen aber die eines Patents. Bei dem der Kommandeurs hängt das Siegel daran, bei dem der Kleinkreuze ist es nur beigedruckt. Alle sind sie aber vom Grofsmeister, vom Kanzler und Greffier unterschrieben.

In Zufertigungen des Grofsmeisters erhalten die Grofskreuze die Benennung: Kousin. Sie speisen auch am Ordensfeste mit dem Grofsmeister an einer Tafel, während die übrigen Ordensglieder bei Hofe bewirthet werden. Alle Mitglieder können beim Grofsmeister Audienz haben, ohne sich zuvor bei dem Oberstkämmerer anmelden zu müssen. Die ersten beiden Klassen haben stets freien Eintritt in die Geheime-Raths-Stube, die dritte nur an Ordensfesten, und wenn sie bei ihrer Ankunft oder Abreise zum Handkufs gelassen werden. Die Kleinkreuze dürfen auch bei Hoffesten und Ordinari-Apartements, so wie bei Spiel- oder kleinen Apartements, erscheinen.

Ordensbeamte sind: der Ordensprälat, welcher an den Festtagen des Ordens den Kirchendienst versieht und der jedesmalige Erzbischof von Gran ist, der Ordenskanzler, welche Stelle der jedesmalige ungarische Hofkanzler bekleidet, ein Greffier, ein Schatzmeister, ein Herold, und ein Kanzlist.

IV.

LEOPOLDS-ORDEN.

Das Kaiserhaus Österreich besafs zwar schon in dem St. Stephansorden ein Auszeichnungsmittel für Civilverdienste: da aber dessen Statuten wollen, dafs er nur an adelige Personen vergeben werde, und Kaiser Franz I. wohl wufste, dafs das Verdienst unabhängig von Stand und Rang sei, jene Vorschrift aber vielleicht nicht gern abändern mochte, so schuf er einen neuen allgemeinen Verdienstorden unter dem Namen: des Leopolds-Ordens. Er that diefs am 7. Januar 1808, dem Tage nach der Vermählung mit seiner dritten, 1816 gestorbenen, Gemahlin, der Erzherzogin Ludovika von Österreich. Durch ihn legte er in die Hand des Regenten seines Thrones ein Mittel, Personen aus allen Ständen, die sich in irgend einer Hinsicht um Vaterland und Regentenhaus bedeutende Verdienste erwerben, öffentlich auszeichnen zu können, und verband damit zugleich die Absicht, das Andenken an seinen würdigen Vater, den Kaiser Leopold II. zu ehren, indem er seine neue Schöpfung mit dem Namen des Österreichisch-Kaiserlichen Leopolds-Orden belegte.

Die Statuten des Ordens sind vom 14. Juli 1808, die förmliche und feierliche Einsetzung des Ordens, so wie die wirkliche Vertheilung desselben geschah aber erst am 8. Jan. 1809. Der Inhalt der Statuten ist im Wesentlichen der: dafs der Kaiser stets Grofsmeister ist, den Orden ganz aus eigener Bewegung ertheilt, daher nie um seine Ertheilung nachgesucht werden darf, dafs Jedermann, ohne Unterschied des Standes, sowohl vom Civil als Militair, ihn erhalten kann, der durch angestrengte, erfolgreiche Bemühungen das Wohl des Staates befördert, durch vorzügliche, zum Besten des Allgemeinen wirkende und die Nation verherrlichende Gelehrsamkeit, oder durch andere grofse und gemeinnützige Unternehmungen sich auszeichnet und dabei lautern Rufs ist.

Die Zahl der Mitglieder, welche aus Grofskreuzen, Kommandeurs und Rittern bestehen, ist unbestimmt.

Das Ordenszeichen ist ein goldenes roth emaillirtes achteckiges Kreuz mit weifser Einfassung. Auf der Vorderseite des runden rothen Mittelschildes stehen die in einander verschlungenen Buchstaben *F. I. A.* (*Franciscus Imperator Austriae*), und in dessen weifser Einfassung die Worte: *Integritati et Merito* (der Rechtschaffenheit und dem Verdienste). Die Kehrseite des Schildes ist weifs, mit einem goldenen Eichenkranz umgeben und dem Motto Kaiser Leopolds II. versehen: *Opes regum corda subditorum* (in der Liebe der Unterthanen besteht die Macht des Regenten). Zwischen jedem der vier Theile des Kreuzes sind drei Eichenblätter mit zwei Eicheln, und über dem Ganzen schwebt statt einer Schleife die österreichische Kaiserkrone. Die Grofskreuze tragen es an einem rothen Bande mit weifsen Randstreifen nach der linken Hüfte hängend, und dabei einen achteckigen in Silber gestickten Stern auf der linken Seite, in dessen Mitte die Vorderseite des Ordenskreuzes enthalten ist. Bei Ordensfeierlichkeiten tragen sie das Ordenskreuz an einer goldenen Halskette auf der Brust. Die Glieder dieser Kette bestehen abwechselnd aus den verschlungenen Buchstaben *F. L.* (Franz und Leopold) mit der österreichischen Kaiserkrone darüber, und aus einem Eichenkranze.

Die Kommandeurs tragen an einem eben solchen, doch nur zwei Zoll breiten Bande dasselbe Kreuz, aber kleiner, um den Hals, und die Kleinkreuze an einem neun Linien breiten Bande ein noch kleineres Kreuz auf der linken Brust im Knopfloche.

Die Ceremonienkleidung — roth und weifs, nach den Farben des österreichischen Wappens — ist bis auf den Mantel, für alle Klassen dieselbe. Nämlich: Rock, Beinkleider, Schuhe und Barret sind von rothem Sammet. Ersterer, vom Halse bis an den Schlufs des Oberleibes zugehakt, hat einen einfachen stehenden Kragen, ist weifs gefüttert, und auf allen Kanten mit einem vier Zoll breiten fortlaufenden goldenen Eichenzweige gestickt. Die Strümpfe sind ebenfalls roth. Statt der Schnallen liegen Rosen von Goldspitzen auf den Schuhen. Eine weifse seidene mit goldenen Bouillonfransen reich besetzte Binde umgürtet den Leib. Ihre Enden hängen über das Schwerdt hinab. Das Schwerdt ist gerade. Griff und Querstange bilden ein Kreuz. Auf der einen Seite des Knopfs stehen die Buchstaben des

Ordens *F. I. A.*, auf der andern das Jahr der Stiftung des Ordens Die Scheide ist mit rothem Sammet überzogen. Das Barret, dreifach mit goldenen Schnüren umwunden, zieren weifse Federn. Ein Halskragen von Batist fällt vier Zoll breit über, und ist mit goldenen Spitzen besetzt. Die Handschuhe von weifsem Leder haben grofse mit goldenen Fransen besetzte Stulpen. Der sammetne Mantel von weifser Farbe — als Symbol der Sittenreinheit der Ritter — unterscheidet sich für die verschiedenen Klassen durch seine Weite, Länge und durch die Breite der goldenen Stickerei, so wie der Besetzung mit weifsem hermelinartigem Seidenfelbel.

Die Ordensbeamten sind: ein Ordensprälat, der an den Ordensfesten den gewöhnlichen Kirchendienst versieht, ein Kanzler, ein Schatzmeister, ein Greffier, ein Herold und ein Kanzlist. Ihr Ordenskreuz ist in einer grofsen goldenen Medaille eingeschlossen, hat den Wahlspruch des Ordens als Umschrift, und wird am Ordensbande, das die österreichische Kaiserkrone oben zusammenhält, um den Hals getragen. Bei feierlichen Gelegenheiten legt der Herold die Kleidung der Ritter an.

Wenn die Aufnahme in den Orden feierlich und öffentlich geschieht, so wird dabei im Ganzen fast dasselbe Ceremoniel beobachtet, wie es bei der Aufnahme in den Maria-Theresien-Orden statt hat. Der Eid, welchen der Aufzunehmende ablegen mufs, und von welchem nur der Grofsmeister entbinden kann, ist folgender:

„Ich *N. N.* schwöre zu Gott, dafs ich die schul-
„dige Treue und Ehrfurcht für Allerhöchst Se. Majestät

„den regierenden Kaiser, als Grofsmeister des erhabe-
„nen Leopolds-Orden, so wie für dessen durchlauch-
„tigste Nachfolger und das gesammte durchlauchtigste
„Erzhaus, zu jeder Zeit und bei jeder Gelegenheit auf
„das genaueste bis an das Ende meines Lebens unver-
„brüchlich zu beobachten, und alles was zur Sicher-
„heit, zum Ruhm und Wachsthum des österreichischen
„Kaiserthums gereichen kann, nach meinen Kräften bei-
„zutragen, und zu vertheidigen, wie entgegen alles, was
„immer der Macht und den Gerechtsamen desselben
„nachtheilig, wie auch der Würde des erhabenen Or-
„dens abträglich seyn könnte, zu verhindern, und, so
„viel an mir liegt, abzuwenden, als meine theuerste Pflicht
„ansehen werde. Endlich gelobe ich, die Satzungen
„und Anordnungen des Ordens strenge zu beobachten,
„den höchsten Befehlen Sr. Majestät, als Grofsmeister
„dieses Ordens, stets nachzukommen, und solche in all
„und jedem genau zu befolgen, auch das Zeichen dieses
„erhabenen Ordens beständig zu tragen; so wahr mir
„Gott helfe."

Die der deutschen Sprache nicht Kundigen legen diesen Eid in lateinischer Sprache ab. Nach abgelegtem Eide, bei Überreichung des Ordenszeichens, sagt der Grofsmeister den Aufzunehmenden folgende Worte in deutscher oder lateinischer Sprache:

„Wir sind überzeugt, dafs du demjenigen, was du
„nunmehr eidlich angelobet hast, jeder Zeit, wie einem
„wackern und rechtschaffenen Ritter zustehet, nach-
„kommen werdest. Empfange daher das Zeichen des
„Leopolds-Ordens als eine Belohnung deiner Verdienste,

„welches du beständig zu tragen hast, um dir durch „dieses ehrende Merkmahl immer gegenwärtig zu halten, „was du Gott, Uns, Unserm Hause und der Würde des „Ordens schuldig bist."

Das Diplom wird den Grofskreuzen in der Form eines Buchs, den andern Klassen in Patentform ertheilt. Der Grofsmeister, der Kanzler und der Greffier unterschreiben es. Bei denen der Kommandeurs hängt das Siegel daran; bei denen der Kleinkreuze ist es dabei gedruckt.

Ohne die erhaltene Einwilligung, die jedoch nie verweigert wird, darf neben dem Leopolds-Orden kein auswärtiger Orden getragen werden.

Das Ordensfest wird jährlich am ersten Sonntage nach dem heiligen drei Königstage in der Hofkirche begangen, wobei die in Wien befindlichen Ordensglieder in der Ordenstracht zugegen seyn müssen.

Die Vorzüge der Ritter sind folgende: die Kleinkreuze haben an den Ordensfesten den Eintritt in die Geheime-Raths-Stube, wohin die Grofskreuze und Kommandeurs allezeit zu kommen berechtigt sind. Auch haben sämmtliche Ritter den Zutritt bei den Hoffesten und so genannten Apartements. Besitzt der mit dem Grofskreuze begnadigte die wirkliche Geheime-Raths-Würde noch nicht, so erhält er sie unentgeldlich. Die Kommandeurs werden, wenn sie darum ansuchen, in den Freiherrnstand, und die Kleinkreuze in den erbländischen Ritterstand taxfrei erhoben. Ergehen in des Grofsmeisters Namen Befehle an die Grofskreuze, so werden diese mit der Benennung: „Unser Vetter" beehrt.

Der ungarisch-österreichische Stephansorden, als Gesammtkörper betrachtet, hat zwar den Rang vor dem Leopoldsorden, so, dafs wenn an einem Tage Orden beider Gattung verliehen werden, der Stephansordensritter dem Leopoldsordensritter von gleichem Grade vorgeht; im übrigen werden aber beide Orden gleich gehalten und zwischen den zu gleichen Zeiten ernannten Grofskreuzen, Kommandeurs und Kleinkreuzen entscheidet nur das Alter der Aufnahme.

V.

ORDEN DER EISERNEN KRONE.

Als am 17. März 1805 die Staatskonsulta der damaligen italienischen, vorher cisalpinischen Republik, die republikanische Regierungsform in eine erbliche Monarchie verwandelte, und den französischen Kaiser Napoleon zum ersten erblichen König erwählte, oder vielmehr zu erklären von diesem selbst gezwungen war, liefs sich derselbe am 20. Mai 1805 in Mailand als König von Italien krönen. Die Krone, deren er sich bei dieser Feierlichkeit bediente, war die der ehemaligen Longobardischen Könige, welche in dem Schatze der Kirche von Monza bei Mailand aufbewahrt wurde. Sie besteht aus einem vier Finger breiten ciselirten und mit Edelsteinen geschmückten goldenem Reife, von der Form eines antiken Diadems, hinter welchem ein fingerbreiter eiserner Reif liegt, den die Fabel aus einem Nagel vom Kreuze Christi geschmiedet seyn läfst, und von welchem sie den Namen der eisernen Krone erhielt. Buonaparte, der mit Denkmahlen zur Erinnerung an seine Thaten nicht karg war, stiftete auch zum Andenken an diese Krönung, und zugleich zur Belohnung für die, welche sich um das Königreich Italien im Civil oder Militair, in wissenschaftlicher oder sonstiger Hinsicht Verdienste erwerben würden, am 5. Juni 1805 einen Orden, nahm zur Dekoration die Figur der eisernen Krone, und nannte ihn: *Ordine della corona di ferro*, Orden der eisernen Krone. Der jedesmalige König von Italien war Großmeister desselben, und die auf 800 festgesetzte Zahl der Mitglieder bestanden aus drei Klassen: Dignitarien, Kommandeurs und Rittern, welche alle bestimmte Pensionen genossen, und zur letzten Klasse der Adeligen gehörten.

Das Ordenszeichen stellte die eiserne Krone vor, in deren Mitte der französische Adler mit gehobenen Flügeln stand. Um den Reif der Krone lief die Umschrift: *Dio me la diede, guai a chi la tocca* (Gott hat sie mir gegeben, wehe dem, der sie antastet), und vorn sahe man das Bild Buonapartes. *). Die erste Klasse, die Dignitarien, trug es von Gold an einem breiten, hellen, orangefarbenen Bande mit grüner Einfassung, von der rechten nach der linken Seite und einem Sterne auf der linken Brust. Die Kommandeurs trugen es ebenfalls von Gold, die Ritter von Silber, beide aber an einem schmälern Bande auf der linken Seite im Knopfloche und ohne Stern.

Doch die stolze anmaßende Legende schützte die neue Stiftung nicht, denn sie war Lüge, und Gott war mit denen, welche die von dem großen Räuber an sich gerissene Krone antasteten. Das Königreich Italien ward im Jahre 1814 zertrümmert, und mit ihm

*) Im 20. Bd. des Journals London und Paris befindet sich eine Abbildung davon.

erlosch der Orden der eisernen Krone. Ob er diefs auf immer bleiben solle oder nicht, das entschied sich erst nach zwei Jahren. Als nämlich der österreichische Kaiser Franz I. im Winter von 1815 bis 1816 seine wieder eroberten italienischen Staaten besuchte, beschlofs er den Orden der eisernen ihm nun wieder gehörigen Krone verändert beizubehalten, oder vielmehr einen neuen Orden dieses Namens zu stiften. Es geschah diese feierliche Wiederherstellung oder Einsetzung, und zugleich die erste Vertheilung des Ordens am Geburtstage des Kaisers in Mailand am 12. Februar 1816. Der Orden erhielt den Namen: „österreichischer Orden der eisernen Krone“ und seine an diesem Tage bekannt gemachten Statuten bestimmen: dafs die Würde des Grofsmeisters immer und unzertrennlich mit dem österreichischen Reiche verbunden, dafs der Kaiser von Österreich der Grofsmeister desselben ist, dafs die Verleihung allein von ihm geschieht, dafs keine Nachsuchung darum statt findet, dafs die Ritter aus drei Klassen ohne weitere Bezeichnung, als durch die Zahl und zwar von der ersten 20, von der zweiten 30, und von der dritten 50, zusammen also 100, bestehen soll, dafs Jedermann ohne Unterschied des Ranges und Standes, sowohl vom Civil als Militair, den Orden erhalten kann, der sich durch auszeichnende Beweise von Anhänglichkeit an den Monarchen und den Staat, durch grofse Dienste, zur Wohlfahrt der Monarchie geleistet, oder durch seltene und besonders gemeinnützige Unternehmungen hervorthut.

Die Dekoration des vorigen Ordens der eisernen

Krone wurde verworfen. Die des neuen Ordens ist: Eine eiserne Krone, auf welcher der zweiköpfige gekrönte kaiserlich-österreichische Adler ruht, der an beiden Seiten auf der Brust einen dunkel-himmelblauen Schild trägt, worauf einer Seits der Buchstabe *F.* in Golde, (Franz) und anderer Seits die Jahreszahl der Stiftung 1816 steht. An einem breiten goldgelben Bande mit dunkelblauer Einfassung trägt es die erste Klasse von der Rechten zur Linken, und dabei einen in Silber gestickten vierstrahligen Stern auf der linken Brust, in dessen Mitte die eiserne Krone in einem blauen Kreise sich zeigt, in welchem man die Worte: *Avita et aucta* (alt, herkömmlich und erweitert) liest. Bei feierlichen Gelegenheiten wird es an einer goldenen Halskette getragen. Wenn in des Großmeisters Namen Befehle an Ritter dieser Klasse ergehen, so erhalten sie zum Zeichen der höchsten Gnade, die Benennung: „Unser Vetter!“ Die zweite Klasse trägt es um den Hals, die dritte in einem Knopfloche, beide an einem eben solchen, doch immer schmälern Bande und ohne Stern.

Der neuen Gründung dieses Ordens ging eine kaiserliche Bekanntmachung voran, welche ausdrücklich erklärte, daſs, da dieser Orden der eisernen Krone mit dem vorigen Orden der eisernen Krone nur den Namen gemein habe, die von der vorigen Regierung geschehene Verleihung jenes Ordens auch durchaus kein Recht auf den neuen kaiserlich-österreichischen Orden der eisernen Krone gäbe. Indessen wurde den Besitzern des erloschenen Ordens verstattet, die alte Dekoration gegen die neue umzutauschen, und dazu eine Zeit festgesetzt, binnen der es nach erfolgter vorgeschriebener Legitimation geschehen mufste. Hiervon blieben jedoch die Militairpersonen, welche nicht Offiziersrang hatten, ausgeschlossen. Sie erhielten statt des gehabten Ordenszeichens eine goldene Medaille.

VI.

ELISABETH-THERESIEN-ORDEN.

Diesen zweiten österreichischen Militairorden, welcher eigentlich den Namen: Elisabeth-Theresianische Militair-Stiftung führt, gründete die Kaiserin Elisabeth Christine, Witwe Kaiser Karls VI., im Jahre 1750, für zwanzig Officiere, vom Obersten bis zum Generale aufwärts, welche dem Hause Österreich dreifsig Jahre lang treu gedient haben würden. Diese zwanzig Theilnehmer wurden in drei Klassen eingetheilt, und jährlich 16000 fl. ausgesetzt, wovon die erste Klasse 1100, die zweite 800 und die dritte 500 fl. jährlicher Pension bekam.

Im Jahre 1771 erneuerte und veränderte die Tochter der Stifterin, die Kaiserin Maria Theresia, diesen Orden, setzte die Zahl der Ritter auf 21 fest, und bestimmte, dafs davon sechse 1000, achte 800, und sieben 500 fl. jährlicher Pension erhalten sollten. So ist auch die Einrichtung noch jetzt.

Der Hofkriegsrath schlägt die Individuen jedes Mal vor, und der Monarch wählt davon. Geburt, Vaterland, Religion, oder der Besitz anderer Orden werden dabei nicht berücksichtigt.

Das Ordenszeichen ist ein mit Gold eingefafster Stern

Der preussische schwarze Adlerorden; die Insignien in natür-
licher Grösse, der Stern verkleinert.

von acht halb roth und halb weifs emaillirten Spitzen. In der Mitte ist ein mit einem goldenen Rande eingefafstes Oval, worauf unter einer goldenen Kaiserkrone die verschlungenen Namenschiffern *E. C.* und *M. T.* (Elisabeth Christine und Maria Theresia) neben einander und rings herum die Worte stehen: *M. Theresia Parentis gratiam, perennem voluit.* (Maria Therèsia hat der Stiftung ihrer Mutter immerwährende Dauer geben wollen.) Sämmtliche aus einer Klasse bestehende Ritter tragen, ohne weitere Unterscheidung, dieses Kreuz an einem schwarz seidenen Bande, welches dicht über dem Kreuze durch eine goldene Kaiserkrone zusammengehalten wird, auf der linken Seite im Knopfloche. Ein eignes Stiftungsfest wird nicht gefeiert.

VII.

ORDEN DES STERNKREUZES.

Von alten Zeiten her war das Haus Österreich im Besitz eines kleinen Stücks von dem Kreuze Christi. Die Kaiser Maximilian und Ferdinand III. pflegten diese, in ein goldenes Kreuz gefaſste Reliquie in Kriegs- und Friedenszeiten beständig bei sich zu tragen. Nach Ferdinands Tode verehrte sie aber dessen Nachfolger, Leopold I., der verwitweten Kaiserin Eleonore, einer Tochter Herzogs Karl II. von Mantua, um dadurch die Schmerzen ihres Witwenstandes zu lindern. Von dieser wurde sie in einem kleinen hölzernen, mit Krystall und Email verzierten Kästchen, über welchem ein seidener Überzug befindlich war, mit groſser Sorgfalt aufbewahrt. Nun geschah es, daſs am 2. Februar 1668 in der kaiserlichen Burg zu Wien unter dem Zimmer der Kaiserin Eleonore des Nachts plötzlich Feuer ausbrach, welches mit solcher Heftigkeit um sich griff, und das Zimmer der Kaiserin so schnell erreichte, daſs sie nur sich mit Mühe retten konnte, und das Zimmer, in welchem auch das Kästchen mit dem Kreuze war, stürzte gleich nachher zusammen. Durch sorgfältiges Nachforschen auf der Brandstelle wurde am fünften Tage (6. Febr.) das goldene Kreuz fast ganz unverletzt, nur sehr wenig angeschmolzen, wieder gefunden. Die Kaiserin war so hoch erfreut über das so wunderbar erhaltene und wieder bekommene Kreuz, dafs sie eine Prozession defshalb veranstaltete; und der Fürstbischof von Wien liefs ein förmliches Protokoll über diese seltsame Begebenheit aufnehmen. Dieses Ereignifs veranlafste die Kaiserin einen weiblichen Orden zu stiften, um nicht nur das Andenken an jene merkwürdige Begebenheit zu erhalten, sondern auch die Mitglieder dieses Ordens zu veranlassen, sich dem Dienste und der Verehrung des heiligen Kreuzes zu widmen, sich eines tugendhaften Lebenswandels und der Ausübung religiöser Handlungen und Werke der Barmherzigkeit zu befleifsigen. Nachdem nun der Papst Klemens IX. diesen neuen Orden in der Bulle *Redemptoris et Domini nostri*, (28. Juli 1668) unter Verleihung der gewöhnlichen Privilegien bestätigt, und dem Fürstbischoff von Wien die Aufsicht über dessen geistliche Angelegenheiten anvertraut, auch Kaiser Leopold I. den Orden und dessen Statuten am 9. September nicht nur bestätigt, sondern auch unter seinen Schutz und Schirm genommen hatte, so erklärte sich die Kaiserin Eleonore am 18 September 1668 für die Stifterin und oberste Schutzfrau desselben.

Dieser Orden, welcher nur an Prinzessinnen, gräfliche und adelige Damen gegeben wird, erhielt bei seiner Stiftung den Namen: Versammlung der hochadeligen Frauen unter dem Titel des Sternkreuzes, und die Mitglieder hiefsen Kreuzträgerinnen oder Frauen vom Sternkreuz. Späterhin ist die Benennung Sternkreuz-Ordens-Frau oder Dame aufgekommen.

Der Name Sternkreuz als Symbol deutet auf ein aus vier Sternen bestehendes Sternbild am Südpol, Kreuzgestirn oder Sternkreuz genannt, an unserm Horizont aber nicht sichtbar.

Die Kaiserin oder eine Prinzessin aus dem Hause Österreich ist oberste Schutzfrau des Ordens. Sie ernennt die Ordensglieder und wählt aus ihnen zwei zu ihren Assistentinnen, welche ihr bei Ordensfeierlichkeiten zur Seite seyn müssen. Die Zahl der Mitglieder ist unbestimmt und hängt ganz von der Willkühr der obersten Schutzfrau ab. Das Ordensfest, welchem alle anwesende Ordensfrauen beizuwohnen verpflichtet sind, wird jährlich zweimal gefeiert: am Tage der Kreuzerfindung, 3. Mai, und am Tage der Kreuzerhöhung, 14. September. Vordem war noch ein dritter Festtag am Karfreitage, oder an einem andern hierzu von der Schutzfrau bestimmten Tage, wo eine feierliche Prozession von der kaiserlichen Kapelle zu Schönbrun nach der Kirche der Mutter Gottes zu Hietzing statt fand, was aber jetzt nicht mehr geschieht. Das Seelenamt für die Stifterin und alle verstorbene Mitglieder des Ordens, dem ebenfalls alle anwesende Ordensfrauen beiwohnen müssen, wird gewöhnlich am 6. Februar gehalten.

Das Ordenszeichen, welches vier Mal, seit der Kaiserin Maria Theresia aber nicht wieder, verändert worden ist, hat die Form eines ovalen Medaillons mit einer breiten, blauemaillirten Einfassung, welche einen doppelten, schwarzemaillirten Adler mit goldenen Klauen umschliefst, auf dem ein goldenes, grünemaillirtes mit bräunlichem Holze besetztes Kreuz liegt. Darüber liest man auf einem geschlungenen Zettel mit schwarzen Buchstaben auf weifsem Grunde die Ordensdevise: *Salus et gloria* (Heil und Ruhm). Es wird an einer Schleife von schwarzseidenem Bande an der linken Brust getragen.

An den zur Aufnahme neuer Mitglieder festgesetzten Ordens-Festtagen, 3. Mai und 14. September, werden die Ordenszeichen auf den Altar gestellt, nach dem Rituale geweihet, und von der obersten Schutzfrau sitzend an die einzeln niederknieenden, neuernannten Ordensdamen vertheilt.

Die Beamten des Ordens sind: ein Schatzmeister, ein Sekretair und ein Kanzlist.

ÖSTERREICHISCHE EHRENZEICHEN.

1. Die Militair-Ehren-Medaille auch Verdienst-oder Tapferkeits Medaille genannt, stiftete Kaiser Joseph II. zur Belohnung für Unterofficiere und Gemeine. Sie wird in Gold, für besonders ausgezeichnete Handlungen, und in Silber, für minder tapfere ertheilt. Mit der erstern erhält der Empfänger eine ganze Löhnung, mit der letztern eine halbe als Zulage. Wer die silberne hat, kann bei einer neuen Gelegenheit auch die goldene erhalten. Wer sie hat und nachher Officier wird, trägt sie fort, so wie er auch die damit verbundene Zulage behält. Auf der einen Seite zeigt sie des Kaisers Brustbild mit dessen Umschrift, auf der andern, Siegszeichen, von einem Lorbeerkranz und den Worten umgeben: Der Tapferkeit. An einem roth und weiſs gestreiften Bande wird diese Medaille im Knopfloche getragen.

2. **Das Ehrenkreuz für Feldgeistliche.** Kaiser Franz I. stiftete es im Jahre 1801 für vorzüglich strenge und mit Gefahr verbundene Pflichterfüllung in der Militairseelsorge auf dem Schlachtfelde oder in Feindesgefahr. Es wird an einem roth und weifs gestreiften Bande getragen und hat die Form eines viereckigen Kreuzes mit Kleeblatt-Enden. Auf dem runden Mittelschilde steht: *Piis meritis.* Die Vertheilung geschieht in Gold oder Silber.

3. **Die Civil-Ehren-Medaille.** Sie wird von Gold und in drey verschiedenen Gröfsen an Personen beiderley Geschlechts ertheilt. Die grofse zeigt auf der Vorderseite das Brustbild ihres Stifters, des Kaisers Franz I. mit der Umschrift: *Franciscus Austriae imperator.* Auf der Rückseite ist ein Tempel mit der Aufschrift: *Honori* und mit der Umschrift: *Austriae ad imperii dignitatum evecta.* (Österreich zur Kaiserwürde erhoben.) Die beiden andern Medaillen zeigen auf der Vorderseite auch des Kaisers Brustbild, aber mit der Umschrift: *Franciscus Aust. Imp. Hun. Boh. Gal. Lod. Rex. A. A.* Auf der Rückseite ist eine Gerechtigkeitswaage, Scepter und Merkurstab, und darüber eine Krone mit der Umschrift: *Justistia regnorúm Fundamentum.* (Gerechtigkeit ist die Grundfeste des Reichs.) Diese Medaillen werden auf der linken Seite

an einem rothen Bande getragen. Eine ganz vorzügliche Auszeichnung ist es, wem die grofse Medaille an einer goldenen Kette verliehen wird.

4. Die Denkmünze für 1813 und 1814. Zur Auszeichnung, und als Beweis des Dankes für die tapfern Vertheidiger des Vaterlandes, in diesen merkwürdigen Jahren, stiftete Kaiser Franz I. im J. 1814 ein eignes Denk- und Ehrenzeichen, welches aus dem Metalle eroberter, französischer Kanonen geprägt wurde. Es hat die Form eines mit Lorbeer umwundenen Kreuzes und wird von allen österreichischen Kriegern, welche an den Feldzügen dieser Jahre Theil nahmen, ohne Unterschied des Ranges, an einem gelb und schwarz eingefafsten seidnen Bande im Knopfloch getragen. Auf der Vorderseite stehn die Worte: *Libertate Europae asserta* 1813 — 1814. (Europens Freiheit behauptet.) Auf der Rückseite: *Grati princeps et patria Franciscus Imp. Aug.* (Dankbar, der Fürst und das Vaterland.) Jedem Besitzer ist es erlaubt, seinen Namen auf den Rand des Kreuzes stechen zu lassen. Anfänglich wurden von diesen Medaillen 100,000 Stück geprägt und zwar 4000 grofse, 6000 mittlerer Gröfse und 90,000 kleine. Wahrscheinlich ist diese Zahl noch vergröfsert worden. Civilpersonen, welche sich ebenfalls Verdienste um die Beförderung des grofsen

Zweckes des Krieges von 1813 und 1814, erworben haben, tragen eben dieses, in der Form jedoch etwas abweichende Ehrenzeichen, von Gold oder Silber, nach Maſsgabe des Verdienstes, an einem schwarzen Bande mit gelber Einfassung. Auch bleibt es ein Eigenthum ihrer Erben. Die erste Vertheilung der für das Civil bestimmten Medaille geschah am 26. Mai 1815 und zwar vom Kaiser Franz in eigner Person.

5. Im Jahre 1814 verlieh Kaiser Franz I. den Gliedern des böhmischen Adels, welche während des Krieges dieses Jahres eine eigene Garde gebildet und die Person des Kaisers den ganzen Feldzug hindurch begleitet hatten, ein eignes von Niemand weiter zu tragendes Kreuz als dankbares Andenken an die geleisteten Dienste. Es ist dieſs durchaus roth emaillirt, führt in den Schilden vorn den weiſsen böhmischen Löwen und hinten die Inschrift: *Nobilibus Bohemis bello gallico fidis corporis custodibus Franciscus Augustus MDCCCXIV.* Das Band, an welchem es auf der linken Seite getragen wird, besteht aus drei gleichen Streiſen, von denen der mittlere roth ist und die beiden andern weiſs sind.

6. Als im Jahre 1816 der Kaiser Franz I. den von Napoleon Buonaparte 1805 gestifteten italienischen Or-

den der eisernen Krone unter veränderter Form und Einrichtung wieder herstellte oder vielmehr einen neuen österreichischen Orden der eisernen Krone stiftete, erhielten alle diejenigen Militairpersonen, die nicht Officiersrang hatten, aber die Dekoration des vormaligen Ordens der eisernen Krone besafsen, statt derselben eine goldene Medaille, welche an einem goldgelben Bande mit dunkelblauer Einfassung getragen wird, und auf der einen Seite ein Schwerdt und auf der andern die Inschrift: *Pro virtute militari* hat.

P R E U S S E N.

1. Orden des schwarzen Adlers. 1 Klasse.

2. Orden des rothen Adlers. 3 Klassen.

3. Militair - Verdienst - Orden. 1 Klasse.

4. Orden des eisernen Kreuzes. 3 Klassen.

5. St. Johanniter - Orden. 1 Klasse.

6. Luisen - Orden. 1 Klasse.

Ehrenzeichen.

Vorbemerkungen.

Die Verleihung der preufsischen Orden und Ehrenzeichen geschieht durchgehends vom König allein.

Die Besorgung der dabei vorfallenden Geschäfte sind der General - Ordens - Kommission in Berlin anvertraut, welche über die neuen Verleihungen eine Ordens-Matrikel und über sämmtliche Ritter und Besitzer Listen führt, auch zu den Kosten der Insignien und andern Ausgaben ihre besondere Kasse hat. Die Personen, welche gegenwärtig diese Ordens-Kommission bilden, sind:

Der Gen. Lieutn. v. *Dierecke*, Präsident.
Der Staatsrath v. *Klewitz*.
Der wirkl. geh. Legat. Rath v. *Raumer*.
Der Gen. Major v. *Boguslavsky*.
Der Gen. Major v. *Boyen*.

Verleihungsgebühren werden gar nicht entrichtet.

Alle Orden und Ehrenzeichen geben ihren Besitzern das Recht, aufser den Amtsverhältnissen, als die ersten ihres Ranges und Standes geehrt zu werden.

Seit dem Jahre 1810 wird mit dem Krönungsfeste zugleich das Fest aller preufsischen Orden jährlich in

Berlin am 18. Januar gefeiert. Es besteht in einer feierlichen Ordensverleihung auf dem königl. Schlosse im Rittersaale, und am folgenden Sonntage in einem feierlichen Gottesdienst in der Domkirche, welchem der König und der Hof mit allen anwesenden Rittern und Inhabern preufsischer Orden und Ehrenzeichen beiwohnen, und nach welchem sich die Ritter und Ehrenzeichen-Inhaber im feierlichen Zuge nach dem Schlosse begeben und hier, so weit es der Raum verstattet, zur königlichen Tafel gezogen werden.

Das unbefugte Tragen von Orden oder Ehrenzeichen wird mit einem dreimonatlichen Festungsarrest bestraft.

Vielfache Bemühungen, die Listen der Ritter aller preufsischen Orden vollständig und richtig zu erhalten, sind durchaus vergebens gewesen. Aus diesem Grunde haben die Ritter des Militair-Verdienstordens, so wie die der zweiten Klasse des eisernen Kreuzes am schwarzen Bande, dieses Mal ganz weggelassen werden müssen, und, nicht frei von Mängeln, werden die andern mitgetheilten Listen seyn. Der Herausgeber hofft jedoch, beim Wiedererscheinen dieses Almanachs diese Lücke ausfüllen zu können.

I.

ORDEN DES SCHWARZEN ADLERS.

Als sich Kurfürst Friedrich III. von Brandenburg im Jahre 1701 die Königskrone selbst aufsetzte, zum König von Preufsen erklärte, und nun Friedrich I. nannte, stiftete er, zu noch gröfserer Verherrlichung dieses merkwürdigen Abschnittes in der Geschichte seines Lebens und seines Reichs, und zur Vermehrung des Glanzes des neu gegründeten Thrones, den Orden vom schwarzen oder preufsischen Adler. Diefs geschah in Königsberg am Krönungstage den 18. Januar 1701. Von diesem Tage sind auch die Statuten datirt, welche aus 40 Paragraphen bestehen und, aufser wenigen durch die Zeitverhältnisse herbeigeführten Abänderungen, noch in voller Gültigkeit, auch durch die, am 18. Jan. 1810 erschienene königliche Erweitrungsurkunde der preufsischen Orden, aufs neue bestätigt sind. Ihnen zu Folge erhielt der Orden den Namen „vom Adler" defshalb: weil den meisten königlichen Orden aus dem Thierreiche ihre Benennung gegeben, der Adler der König der Vögel, das Sinnbild der Gerechtigkeit, und das preufsische Reichswappen ist. Als Bild der Gerechtigkeit sollte er besonders den Zweck des Ordens andeuten, nämlich: Recht und Gerechtigkeit zu üben und jedem das Seine zu geben. Daher fafst der königliche Vogel in der einen Kralle einen Lorbeerkranz — die Gerechtigkeit der Belohnungen — in der andern den Donnerkeil — die Gerechtigkeit der Strafe — und zur Umschrift hat er den Wahlspruch: *Suum cuique*, einem Jeden das Seine, oder eine allgemeine Unpartheilichkeit. Der König ist Grofsmeister und Oberhaupt, seine Söhne und Brüder geborne Mitglieder des Ordens, doch geschieht der letztern feierliche Aufnahme erst nach geschehener Konfirmation. Aufser ihnen sollten nur noch dreifsig Mitglieder seyn, damit der Orden durch zu häufiges Verleihen an Werth nicht verlöre. Man ist jedoch späterhin von dieser Vorschrift abgegangen und jetzt ist die Zahl der Ritter unbestimmt. Nur an Regenten, fürstliche und andere Personen hohen Ranges oder verdienstvolle Staatsmänner wird er vergeben. An Regenten, ohne Rücksicht auf ihr Alter, an andere Personen aber nicht vor dem 30. Jahre, und nach dargelegter Ahnenprobe. Niemand erhält ihn aber, der nicht schon den preufs. rothen Adlerorden erster Klasse besitzt. Ist das nicht der Fall, so erhält er diesen zugleich mit, trägt aber davon nur das Kreuz an einem schmalern Bande um den Hals.

Bei der Aufnahme, die unter vorgeschriebenen Feierlichkeiten geschieht, beschwört der Aufgenommene die Statuten, und verspricht zugleich als ein Christ und den Vorschriften der christlichen Religion gemäfs zu leben, des Armen und Unterdrückten sich anzunehmen, die

Der Königl: Bairische Orden des heiligen Hubertus

Ehre und das Interesse des königlichen Hauses stets vor Augen zu haben, überall Friede und Einigkeit zu stiften, und besonders mit den Ordensgliedern in Freundschaft und brüderlichem Vernehmen zu leben.

Das Ordenszeichen — auf beigefügter Platte dargestellt — ist ein hellblaues, emaillirtes, in acht Spitzen ausgehendes Kreuz, in dessen vier Winkeln vier gekrönte schwarze Adler mit ausgebreiteten Flügeln sind. Im runden goldenen Mittelschilde ist der verschlungene Name *FR.* (*Friedericus Rex.*) Auf der Rückseite ist kein Mittelschild und laufen da die vier Kreuzspitzen auf einem Punkt zusammen. An einem gewässerten orangefarbenen *) Bande — dessen Breite aus der Abbildung ersichtlich ist — tragen die Ritter dieses Kreuz von der Linken zur Rechten. Dabei tragen sie auf der linken Brust einen in Silber gestickten achtspitzigen Stern, wie er hierbei verkleinert dargestellt ist. Ursprünglich war auch eine eigene Ordenskleidung vorgeschrieben, die bei feierlichen Gelegenheiten angelegt wurde, in einem blauen Rocke und in karnatrothsammetnem Mantel, einem Degen und schwarz sammetnem Hut mit weifsem Federbusch bestand, und wobei das Ordenszeichen an einer goldenen Kette um den Hals hing, deren Glieder abwechselnd aus dem königlichen Namenszug und dem schwarzen ausgebreiteten Adler bestanden. Allein erstere ist gar nicht mehr und letz-

*) Man vermuthet, dafs der Stifter diese Farbe zum Andenken an seine Mutter, einer Prinzefs von Oranien, wählte.

tere nur noch bei königlichen Todtenfeiern zur Ausstellung und beim Wappen zur Umgebung üblich.

Die Ritter, die nicht königlichen oder fürstlichen Geblüts sind, rangieren, als Ritter, nach dem Tage ihrer Aufnahme. Sie haben Generallieutenants-Rang und geniefsen die Militair-Ehren. Die Schildwache präsentirt das Gewehr und die Wachen treten, ohne das Gewehr aufzunehmen, heraus.

II.

ORDEN DES ROTHEN ADLERS.

Georg Wilhelm, Markgraf von Brandenburg-Baireuth, stiftete als Erbprinz, im Jahre 1705, einen Orden, dem er die doppelte Benennung: *de la Sincérité* und: des rothen Adlers gab; dessen Einrichtung er aber erst nach seinem 1712 erfolgten Regierungsantritte, vollendete. Diese blieb jedoch kaum zwanzig Jahre lang dieselbe. Überhaupt hat dieser Orden, im Laufe der seit seinem Entstehen verflossenen hundert und zehn Jahre, unter den nachfolgenden Groſsmeistern, vielfache Veränderungen erlitten, wobei er fast jedes Mal wieder erneuert wurde. Die erste Umwandlung der Art geschah vom Markgrafen Georg Friedrich Carl zu Brandenburg-Baireuth, im Jahre 1734, der ihn auch den Orden von Baireuth nannte, und im J. 1759 noch Groſskreuze hinzufügte. Die zweite nahm Markgraf Christian Friedrich Carl Alexander zu Brandenburg-Anspach und Baireuth im Jahre 1777 mit ihm vor. Die dritte erfolgte, als im Jahre 1791 der letzte Markgraf von Brandenburg-Anspach und Baireuth, Carl Alexander, die Regierung seiner beiden Fürstenthümer in Franken niederlegte, und der König von Preuſsen Friedrich Wilhelm II. als nächster Agnate davon Besitz nahm. Der König erhob ihn da im folgenden Jahre 1792, am 12. Junius, zu einen königlich preuſsischen

Orden, änderte seine Insignien in etwas ab und erklärte ihn für den zweiten Orden seines Hauses. Um ihm auch wieder Ansehn und Werth zu verschaffen — denn seine Verleihung war zuletzt sehr verschwenderisch geschehen — verordnete er zugleich, daſs alle Ritter des preuſsischen schwarzen Adlerordens diesen rothen Adlerorden erhalten sollten, niemand fernerhin jenen erhalten könne, der nicht diesen schon habe, und nur die Prinzen des königlichen Hauses und andere Regenten dieser Vorschrift nicht unterworfen seyn sollten. In dieser Verfassung verblieb der Orden bis 1810, wo er durch die am 18. Jan. d. J. erschienene Erweiterungsurkunde für die preuſsischen Orden zum vierten Male verändert ward. Dieser Urkunde zu Folge besteht der rothe Adlerorden, dessen Groſsmeister immer der König ist, jetzt aus drei Klassen. Die Inhaber heiſsen alle, Ritter, mit Hinzufügung der Klassenzahl. Das Ordenszeichen ist ein einfaches, weiſs emaillirtes Kreuz ohne Spitzen. Im runden weiſsen Mittelschilde ist, auf der Vorderseite, der rothe brandenburgische gekrönte Adler mit ausgebreiteten Flügeln, in den Krallen einen Lorbeerzweig haltend. Auf der Kehrseite befindet sich der königliche Namenszug *FW.* (*Friedrich Wilhelm*) auf weiſsem Grunde und mit der Königskrone darüber. Dieses Ordenszeichen, das für alle Klassen dasselbe ist, jedoch mit jeder Klasse an Gröſse abnimmt, wird von der ersten an einem handbreiten, auf beiden Rändern mit einer schmalen weiſsen Einfassung und daneben mit einem daumbreiten orangefarbenen Streifen versehenen, weiſsen, gewässerten Bande, von der linken zur rechten Seite getragen. Dabei hat diese Klasse auf der linken Brust einen in Silber gestickten achtspitzigen Stern, in dessen Mittelschilde sich der gekrönte rothe Adler mit ausgebreiteten Flügeln, dem Zollernschen Schilde auf der Brust, und einen grünen Kranz in den Krallen haltend, befindet, und mit der Umschrift von goldenen Buchstaben: *Sincere et constanter*, umgeben ist. Die Ritter des schwarzen Adlerordens, da sie zugleich Ritter der ersten Klasse dieses Ordens sind, tragen jedoch die Insignien nicht an dem handbreiten Bande, sondern an einem ähnlichen schmalern um den Hals. Waren sie vorher schon Ritter der 2. und 3. Klasse, so tragen sie noch zu dessen Bezeichnung drei goldene Eichenblätter sowohl am Ringe, der das grofse Ordensband befestigt, als auch auf dem Stern in der obern Spitze. Die erste Klasse, die gewöhnlich Ritter des grofsen rothen Adlerordens genannt wird, hat übrigens die Militair-Ehren, so dafs die Schildwachen das Gewehr präsentiren müssen.

Die zweite Klasse, schon 1810 gestiftet, aber erst am 18. Jan. 1812 zum ersten Male vertheilt, trägt dasselbe Kreuz an demselben aber schmalern Bande um den Hals, und ohne Bruststern. Wer zuvor schon Ritter der 3. Klasse war, trägt zur Bezeichnung dessen ebenfalls drei goldene Eichenblätter an dem zur Befestigung des Bandes dienenden Ringe. Die dritte Klasse, die gleich am Tage der Stiftung den 18. Jan. 1810 vertheilt ward, trägt das Kreuz an einem noch schmalern Bande und auch ohne Stern auf der linken Seite im Knopfloche.

III.

MILITAIR-VERDIENST-ORDEN

ODER

ORDEN *POUR LE MÉRITE.*

König Friedrich I. von Preufsen stiftete, noch als Kurprinz von Brandenburg, im Jahre 1685 einen Orden *de la Générosité.* Sein goldenes achtspitziges Kreuz, das an einem blauen Bande getragen wurde, hatte goldene Kugeln auf jeder Spitze, und im Mittelschilde stand das Wort: *Générosité.* *) Diesen Orden hob König Friedrich II. auf, und stiftete an dessen Stelle im Jahre 1740 den Orden *pour le mérite.* Statuten giebt es nicht davon, aber es scheint, dafs wenigstens anfänglich des Königs Absicht war, jedes Verdienst, und nicht blofs das militairische, damit auszuzeichnen, denn es erhielten ihn einige der Civildiener, und auch seinen Freund Voltaire beschenkte er damit. Späterhin

*) Man findet es abgebildet in: *Dambreville abrégé de l'histoire des ordres Paris* 1807. 8. S. 257.

geschahe diefs nicht mehr, und gegenwärtig ist er blofs für das Militair bestimmt, und zwar nur für das im Kampfe gegen den Feind erworbene Verdienst. *) Pensionen sind nicht damit verbunden.

Das Ordenszeichen sieht man auf dem Titelblatte abgebildet. Es ist ein goldenes, aus vier Theilen bestehendes, achtspitziges, blauemaillirtes Kreuz ohne Mittelschild. Auf dem obersten Theile steht der Buchstabe *F.* (Friedrich) mit einer Königskrone darüber, und auf den drei andern das Ordens-Motto: *Pour - le Mé - rite.* Zwischen jedem der vier Theile ist ein goldener Adler mit ausgebreiteten Flügeln. Die Umseite ist schlicht und blau. Die Ritter — nur aus einer Klasse bestehend — tragen es um den Hals an einem schwarzen Bande mit schmaler silberner Einfassung. Eine Veränderung ist mit diesem Ordenskreuze nie vorgegangen, nur erst in unsern Tagen, wo Tapferkeit und Verdienst sich auf so vielfältige Art zeigen konnten und zu belohnen waren, verordnete König Friedrich Wilhelm III. unterm 10. März 1813 **), dafs, als eine besondere Auszeichnung, in aufserordentlichen Fällen, dieser Orden mit drei goldenen Eichenblättern am Ringe vergeben werden solle. Gegenwärtig findet man in allen obrigkeitlichen Anzeigen von den Ertheilungen dieses Ordens

*) S. §. 9. der Erweiterungsurkunde für die preufsischen Orden v. 18. Januar 1810.

**) Im 3. §. der Stiftungsurkunde des Ordens des eisernen Kreuzes.

den ursprünglichen Namen *pour le mérite* nicht mehr, sondern immer den: Militair-Verdienst-Orden. Man darf daher wohl annehmen, dafs jener nach und nach, und ohne ausdrückliche Erklärung veralten und nicht mehr gebraucht werden soll.

Die Anzahl der Ritter dieses Ordens beläuft sich gegenwärtig weit über tausend. Aus welchem Grunde sie diesesmal hier nicht namentlich aufgeführt werden können, ist bereits oben angezeigt worden.

fürs Civil.
fürs Militair.

IV.

ORDEN DES EISERNEN KREUZES.

Unter allen Orden, die je gestiftet worden sind, ist wohl keiner so sinnvoll, keiner für einen so hohen, herrlichen Zweck, keiner in sich so einfach, so prunklos, und doch so bedeutungsreich und mit so vieler Eigenthümlichkeit ausgedacht worden, als der Orden des eisernen Kreuzes. Die Idee dazu soll von seinem Stifter selbst herrühren,*) was niemand bezweifeln wird, der dieses erhabenen Fürsten zartes Gefühl und tiefen Sinn in so vielfachen Beziehungen und Handlungen schon erkannte.

Als am Schlusse des Jahres 1812 die allwaltende Vorsehung über den frechen Unterdrücker aller Menschenrechte auf Rufslands Eisfeldern das schrecklichste Gericht gehalten hatte, und die Hoffnung keimte, dafs endlich der Zeitpunkt herannahe, wo das auf Europa lastende Joch der Unterdrückung fremder Herrschaft gesprengt werden könne, und der Druck einer eisernen Zeit, dem lange im Stillen erseufzten Ende sich

*) Nemesis 1. II. S. 53.

nahe, da regte sich zuerst im preufsischen Volke ein Geist und eine Kraft, so selten als achtungswerth. Im eigentlichen Sinne des Worts darf man sagen: Nur eine Stimme war es in den ersten Monden des Jahres 1813 unter diesem Volke: Krieg um Freiheit und Recht oder Tod. Und der König beschlofs den Krieg, bestimmt durch den Geist seines Volkes, der auch ihn erfüllte. Er beschlofs den letzten entscheidenden Kampf mit Gott, und — Gott half.

Preufsen hatte Orden und Ehrenzeichen, aber diese Auszeichnungen waren in gewöhnlichen Verhältnissen gewonnen, sie waren wohl selbst denen ertheilt worden, welche gezwungen für den fremden Unterdrücker fechten mufsten, und sich persönlich ausgezeichnet hatten. Wie hätten also grofse Thaten in der bevorstehenden grofsen Sache in einer solchen aufserordentlichen Zeit mit diesen Orden ausgezeichnet werden können? Und doch lag so viel daran, der herrlichen innern Begeisterung ein äufseres Zeichen zu geben, um die That anzuerkennen, und die, welche in den grofsen Tagen der Entscheidung grofs bestanden, mit einander zu verbinden. König Friedrich Wilhelm III. errichtete daher den Orden des eisernen Kreuzes. Er that diefs zu Breslau am 10. März 1813. Von diesem Tage ist die Stiftungsurkunde datirt, deren Eingang so lautet:

„In der jetzigen grofsen Katastrophe, von welcher für das Vaterland Alles abhängt, verdient der kräftige Sinn, der die Nation so hoch erhebt, durch ganz eigenthümliche Monumente geehrt und verewigt zu werden. Dafs die Standhaftigkeit, mit welcher das Volk die unwiderstehlichen Übel einer eisernen Zeit ertrug, nicht zur Kleinmüthigkeit herabsank, bewährt der hohe Muth, welcher jetzt jede Brust belebt, und welcher nur, auf Religion und auf treue Anhänglichkeit an König und Vaterland sich stützend, ausharren konnte.

Wir haben daher beschlossen, das Verdienst, welches in dem jetzt ausbrechenden Kriege, entweder im wirklichen Kampfe mit dem Feinde, oder aufserdem, im Felde oder daheim, jedoch in Beziehung auf diesen grofsen Kampf um Freiheit und Selbstständigkeit, erworben wird, besonders auszuzeichnen, und nach diesem Kriege nicht weiter zu verleihen u. s. w."

Das einfache Ordenskreuz — wovon auf beigefügter Kupfertafel das der Grofskreuze in natürlicher Gröfse von seinen beiden Seiten dargestellt ist — ist von schwarzem Gufseisen mit Silber eingefafst. Die Vorderseite ist schlicht, die Umseite aber zeigt im obern Flügel des Kreuzes die Anfangsbuchstaben der Namen des Stifters *F. W.* mit der Königskrone darüber. Unter ihm breiten sich, in die Seitenflügel hinein, drei Blätter eines Eichenzweiges aus, und im untern Flügel liest man die Jahrzahl 1813. So einfach das Ganze ist, so bedeutungsvoll ist es. Der Stoff weist auf die schreckliche Zeit, in der man lebte, und weist zugleich auf das Mittel hin, welches zur Befreiung von der Knechtschaft der Schöpfer in die Erde legte. Die Form erinnert an den Jammer, den man erduldete, aber auch an die Heiligkeit der Sache, für welche man focht. Durch die Königskrone wird zuerst die Sache des gemeinen Wesens an den Thron geknüpft; dann tritt in dem

Namenszuge die Person des Königs hervor, der kein Bedenken trug, Thron und Krone um die Ehre des gemeinen Wesens und für das Glück seiner Unterthanen zu wagen. Der Eichenzweig deutet auf deutsche Art und Sinn, und die Jahrszahl rückt die heilige Zeit vor die Seele, wo grofse Entschlüsse zu grofsen Thaten geführt haben. In der silbernen Einfassung sieht man das kräftigste, männlichste Metall vom reinsten und zartesten umschlossen. Das Äufsere empfehle Lieblichkeit und Unschuld, aber im Innern wohne Festigkeit und Kraft, und wenn wir Frieden und Wohlstand suchen, so sollen wir nie das Schwerdt und den Krieg scheuen. *)

Die Mitglieder des, für ewige Zeiten denkwürdigen Ordens des eisernen Kreuzes, zerfallen in drei Klassen, in Grofskreuze, Ritter der 1sten und Ritter der 2ten Klasse. Die Grofskreuze, deren Kreuz noch einmal so grofs als das der andern Klassen ist, tragen es an einem schwarzen Bande mit weifser Einfassung um den Hals. Nur für eine gewonnene entscheidende Schlacht, nach welcher der Feind seine Stellung verlassen mufs, für die Wegnahme einer bedeutenden Festung, oder anhaltende Vertheidigung derselben, so dafs sie nicht in Feindes Hände fällt, wird das Grofskreuz dem Kommandirenden ertheilt. Die beiden andern Klassen, deren Kreuz von gleicher Gröfse ist, tragen es im Knopfloche, und zwar an eben dem Bande — dessen Breite auf der Kupfertafel angegeben ist — wenn es im Kampfe mit dem Feinde erworben ist, und an einem weifsen Bande mit

*) Nemesis 1. H. S. 50.

schwarzer Einfassung, wenn diefs nicht der Fall ist. Die Ritter der ersten Klasse tragen dabei noch auf der linken Brust ein gleiches Kreuz von schwarzem Barde mit weifser Einfassung, oder von weifsem Bande mit schwarzer Einfassung. Die zweite Klasse wird durchgehends zuerst verliehen, und nur, wer schon zu ihr gehört, kann die erste erwerben. Der Besitz anderer Orden und Ehrenzeichen bewirkt von dieser Vorschrift keine Ausnahme. Sie werden aber mit dem eisernen Kreuz zusammen getragen, das nach dem Tode seines Besitzers nicht zurückgegeben wird, sondern ein Eigenthum der Erben bleibt.

Bei der Verleihung wird durchaus nicht der Rang, noch der Stand berücksichtigt, aber Preufse zu seyn, ist ein nothwendiges Erfordernifs, und können es daher Ausländer gar nicht erhalten. *)

Alle Vorzüge, die mit dem Besitz des preufsischen Ehrenzeichens 1ster und 2ter Klasse verbunden sind, gehn auf das eiserne Kreuz über. Wenn daher ein Soldat schon das Ehrenzeichen 2ter Klasse hat, und sich das eiserne Kreuz 2ter Klasse erwirbt, so erhält er mit diesem die mit dem Besitze des Ehrenzeichens 1ster Klasse verbundene monatliche Zulage. Andere Vortheile sind nicht mit der Erlangung des eisernen Kreuzes verbunden. Es bedurfte deren aber auch nicht, denn, konnte ihm wohl ein höherer Gewinn beigelegt wer-

*) Durch die Ertheilung von eisernen Kreuzen an Russen, welche an der Schlacht bei Kulm Theil nahmen, ist jedoch hiervon bereits eine Ausnahme gemacht worden.

den, als das herrliche Gefühl, mitgewirkt zu haben im grofsen Kampfe für Freiheit und Recht, für Mit- und Nachwelt!

Um das Andenken derer ehrenvoll auf die Nachwelt zu bringen, denen der Orden nicht zu Theil werden konnte, weil sie für das Vaterland fielen, verordnete der König unterm 5. Mai 1813, dafs in jeder Regimentskirche eine einfache Tafel, oben mit dem Ordenskreuze im vergröfserten Mafsstabe geziert, auf Kosten des Staats errichtet werden mufste, mit der Überschrift: „Die gefallenen Helden ehrt dankbar der König und Vaterland. Es starben den Heldentod aus dem .... Regimente:" Nun folgen die Namen der Gebliebenen nebst Tag und Ort ihres Todes. Auch mufste für alle, die auf dem Bette der Ehre starben, in jeder Kirche eine Tafel errichtet werden, worauf die Namen aller Gefallenen aus dem Kirchspiel — die, welche das eiserne Kreuz erhalten hatten, oder dessen würdig gewesen wären, oben an — geschrieben sind, und als der Krieg geendigt war, erfolgte zum Andenken aller eine kirchliche Todtenfeier.

Um ferner auch diejenigen, welche im Laufe des Krieges zur Belohnung mit dem Kreuz in Vorschlag kamen, es aber nicht erhalten konnten, dennoch allmählich auch damit beehren zu können, ist die Einrichtung getroffen worden, dafs die eisernen Kreuze 2ter Klasse, welche in den verschiedenen Regimentern und andern Abtheilungen, Unterofficiere und Gemeine besitzen, nach ihrem Tode an das Regiment, wozu sie gehörten, abgeliefert werden, wo sie alsdann von neuem an Individuen desselben Regiments, welche diese Belohnung im Laufe des Krieges verdient hatten, ertheilt werden. Diese Vererbung des Kreuzes wird daher noch eine lange Reihe von Jahren hindurch seine Verleihung immer wieder von neuem statt finden lassen. Übrigens sind alle ältere Fahnen der Infanterie und Standarten der Kavallerie, welche in diesem Kriege geführt wurden, als eine besondere Auszeichnung mit einem eisernen Kreuz in der Spitze verziert worden.

Und so wird noch die Nachwelt recht lebendig die Erinnerung an die grofsen seltenen Jahre 1813 bis 1815 haben, wird im eisernen Kreuz das Sinnbild des Verdienstes um Thron und Vaterland stets erblicken, und dadurch die Kraft zur Erwerbung eines gleichen Kreuzes, wenn jemals wieder eine solche Zeit kommen sollte, in sich fühlen, wecken und zu erhalten suchen.

V.

ST. JOHANNITER-ORDEN.

Der Orden des heiligen Johannes von Jerusalem, dessen Mitglieder zuerst diesen Namen führten, dann Rhodiserritter und zuletzt Maltheserritter sich nannten, war der erste und älteste geistliche Ritterorden. Er diente allen nachher entstandenen Ritterorden zum Vorbilde, spielte in der Geschichte eine glänzende, politisch-wichtige und grofse Rolle, sank aber am Schlusse des vorigen Jahrhunderts schnell in Ansehn und Kraft herab, und ist jetzt nur noch ein Schattenbild seiner einstmaligen Gröfse.

Da der neue preufsische Johanniterorden aus einem Theile der Ruinen jenes uralten Johanniterordens hervorgegangen ist, so dürfte es wohl nicht unpassend seyn, von der Geschichte jenes Ordens, welche aufserdem, als die eines geistlichen Ordens, in dieser Sammlung nicht berührt seyn würde, hier das Hauptsächlichste kurz mitzutheilen.

Aus allen Reichen der abendländischen Christenheit waren in der Mitte des 11ten Jahrhunderts die Wallfahrten nach Jerusalem, das unter der Herrschaft der egyptischen Kalifen stand, sehr üblich. Diese benutzten solche Wallfahrten als eine ergiebige Quelle zur

Königlich Sächsischer Rautenkranz Orden.

Vermehrung ihrer Einkünfte, liefsen sich für den Eingang in Jerusalem Geld und Geschenke reichen, schützten aber dessenungeachtet die Pilger nicht vor den Bedrückungen, welche sie von den Saracenen auf mannichfache Weise erdulden mufsten. Da entschlofs sich eine Anzahl Kaufleute aus der Stadt Amalfi im Neapolitanischen, das Schicksal der frommen Pilger zu verbessern. Durch Geschenke gewonnen, erlaubte ihnen der regierende Kalif im Jahre 1048 in Jerusalem, unweit dem Grabe Christi, eine Kapelle, ein Kloster, und späterhin ein Hospital zur Verpflegung der Pilger zu erbauen. Dieses Hospital, das den Mönchen des Klosters anvertraut war, die sich Hospitaler oder Johanniter nannten, weil die Kapelle Johannes dem Täufer gewidmet war, ist die erste Veranlassung zur Stiftung des Johanniterordens gewesen. Anfangs bestand diese fromme Stiftung allein durch die milden Beiträge der Gläubigen. Nach der Eroberung des gelobten Landes durch Gottfried von Bouillon im Jahre 1099, gab ihm dieser aber durch grofse Geschenke Selbstständigkeit. Seinem Beispiele folgten andere nach, und der Papst Pascal II. bestätigte diefs Institut, und versah es mit ansehnlichen Freiheiten. Im Jahre 1118 wurde Raymund de Puy, ein einsichtsvoller französischer Edelmann, Vorsteher davon. Dieser führte eine förmliche Ordensregel ein, verband die Ordensglieder aufser dem Gelübde der Keuschheit, der Armuth und des Gehorsams, auch noch zu dem der Vertheidigung der Kirche gegen die Ungläubigen, gab ihnen eine einfache schwarze Kleidung mit dem weifsleinenen achteckigen Kreuze, wie es noch jetzt ist, und nun theilten die Brüder ihre Zeit zwischen den Waffenübungen und Kriegen, und zwischen den Werken der Menschenliebe und Hospitalität in Bedienung der Kranken, Dürftigen und Pilger, und hierdurch bildete sich das Institut zu einem geistlichen Militairorden um.

Der Neigung und Denkungsart des europäischen Adels entsprach eine solche Einrichtung ganz. Viele strömten nach Palästina, um Theilnehmer davon zu werden. Der Orden hob sich hierdurch, und besonders durch die ihm vom deutschen Kaiser Friedrich I. 1185 verliehenen Gerechtsame und Freiheiten, welche alle nachfolgenden Kaiser bestätigten und vermehrten. Lange wufste er sich gegen die Saracenen und Türken zu erhalten und den Thron von Jerusalem zu befestigen. Als aber Jerusalem nach 80 Jahren christlicher Herrschaft im Jahre 1187 wieder in die Hände des Sultans Saladin von Egypten fiel, begaben sich die Ritter mit ihrem Hospital in die Veste Margat, und verlegten 4 Jahre später ihre Residenz nach Ptolomäis oder Acri. Von hier wurden sie jedoch 1291 auch verdrängt, und zogen sich nach Linisso in Cypern. Aber auch hier wurden ihrer Thätigkeit zu viele Hindernisse in den Weg gelegt, so dafs sie sich einen andern Aufenthaltsort zu verschaffen suchen mufsten. Diefs war die Insel Rhodus, welche sie 1310 den saracenischen Seeräubern abnahmen, und sich nun Rhodiserritter nannten. Von dieser Insel blieben sie 213 Jahre lang Besitzer, in welcher Zeit ihre Macht sehr wuchs. Dessen ungeachtet konnten sie den häufigen Anfechtungen und Belagerungen der Türken zuletzt nicht widerstehen. Soliman II. eroberte die Insel im Jahre 1522 mit einem aufserordentlich grofsen Verluste, und vertrieb die Ritter von hier, die sich nun, ohne Besitzthum noch Heimath, nach der Insel Creta, dann nach Messina, dann nach Viterbo und endlich nach Nitza begaben. Kaiser Karl V., der den Orden als eine gute Vormauer gegen die afrikanischen Raubstaaten aufrecht zu erhalten wünschte, belieh ihn 1530 mit den Inseln Malta und Gozo, und seitdem heifsen sie Maltheser-Ritter. Hier wuchs ihre Macht von neuem sehr an, sie erlitten aber auch wieder starke Anfechtungen von Seiten der Türken, die sie zwar immer glücklich abschlugen, aber bis in die neuesten Zeiten in steten Seekriegen mit ihnen verwickelt waren.

Die innere Einrichtung des Ordens, der sich nach und nach durch ganz Europa, wo er überall grofse Besitzungen erwarb, verbreitete, bestand in folgendem: Das Oberhaupt desselben, welches Grofsmeister des heiligen Hospitals zu St. Johann von Jerusalem und Guardian der Armen Jesu Christi hiefs, residirte in La Valetta auf der Insel Malta. Dieser Grofsmeister hatte fürstliche Würde, erhielt von den Mächten den Titel *Altezza Eminentissima*, und aus der Ordenskammer jährlich 6000 Scudi nebst allen Gefällen der Inseln, so dafs seine jährlichen Einkünfte sich nahe an eine Million Gulden beliefen. Die Ritter waren in 8 Zungen oder Bezirke, nach den Nationen, aus denen sie bestanden, eingetheilt. Diese Zungen hiefsen: Provence, Auvergne, Frankreich, Italien, Arragonien, Deutschland, welches die vornehmste Zunge ausmachte, Castilien und England. Aus diesen Zungen wurden *Ballivi conventuali* gewählt, und die Ländereien derselben in Priorate, diese in Balleien, und diese wieder in Kommenden oder Kommenthureien eingetheilt. Von den Prioraten hatte das deutsche den Vorzug, daher es Grofspriorat hiefs. Der Johannitermeister in Deutschland, welcher Meister des Ordens in der Mark, Sachsen, Pommern und Wendland war, und über das Heermeisterthum von Brandenburg, über Ungarn, Böhmen und Dännemark die Gerichtsbarkeit besafs, residirte zu Heitersheim im Breisgau. Der letzte, ein Graf Reichenbach-Fourmaigne, verlor durch den Presburger Frieden von 1805 und die Errichtung des rheinischen Bundes, alle Besitzungen im westlichen Schwaben an den Grofsherzog von Baden. — Von den 8 Zungen hatte sich indessen England bereits im 16ten Jahrhunderte losgerissen, die drei französischen verloren während der Revolution ihr Daseyn, die kastilische und arragonische wurden nach dem Frieden von Amiens von Malta getrennt, und die italienische und deutsche Zunge haben gleichfalls durch die neuesten Ereignisse aufgehört. Auf diese Weise ist der Johanniterorden wie aufgehoben zu betrachten. Nachdem nämlich Malta am 8ten Januar 1798 unvermuthet von Buonaparte angegriffen war, und sich ohne Widerstand ergeben mufste, erhielt in der Kapitulation der Grofsmeister Baron von Hompesch die Zusicherung, bis zu einer anderweiten Entschädigung, jährlich 300,000 Franken bekommen zu sollen. 1800 eroberten aber die Engländer Malta, und obgleich im Frieden von Amiens 1802 bestimmt ward, es dem Orden zurück zu geben, so geschah diefs doch nicht, und England besafs es immerfort, und besitzt es noch jetzt. Während dem erklärte sich der russische Kaiser, Paul I., der jene Kapitulation von 1798 verrätherisch nannte und den Orden in Schutz nahm, am 16ten Dec. 1798 zum Grofsmeister. Dieser Schritt fand vielen Widerspruch, selbst beim Papste, und der Kurfürst von Baiern hob sogar, um Streitigkeiten mit Rufsland zu umgehen, 1799 in seinen Staaten den Orden auf. Nach Kaiser Pauls Tode ernannte der Papst den Italiener Thommasi zum Grofsmeister. Seit dessen Tode, 1805, aber besorgt ein Stellvertreter, der in Catania in Sicilien residirte, die Angelegenheiten des Ordens, doch unter päpstlicher Aufsicht. Der Kaiser Alexander von Rufsland hat aber nur den Titel eines Protektors des Ordens beibehalten. Nach allen diesen Vorgängen und Schicksalen besteht der Orden gegenwärtig nur noch aus dem Grofspriorat von Böhmen und aus zwei dergleichen in Rufsland; denn auch Preufsen hob im Jahre 1810 und 1811 die Ballei Brandenburg, das Heermeisterthum, so wie die Kommenden derselben gänzlich auf, und zog sämmtliche Güter des Heermeisterthums und der Kommenden dieser Ballei als Staatsgüter ein.

Das Jahr darauf trat dafür ein neuer St. Johanniterorden hervor, der jedoch nur Namen und äufsere Zeichen mit seinem uralten mächtigen Vorgänger gemein hat. Der König stiftete nämlich einen preufsischen St. Johanniter-Orden, und zwar, wie die Urkunde darüber vom 23. Mai 1812 ausdrücklich sagt: „zum ehrenvollen Andenken der aufgelösten Ballei Brandenburg des St. Johanniter-Ordens." Der König selbst ist „souverainer Protektor" desselben, ernennt den von ihm abhängigen Groſsmeister, so wie die Mitglieder des Ordens, welche eine Klasse ausmachen und unbestimmter Anzahl sind. Für keinen Stand, noch gewisses Verdienst ausschlieſslich bestimmt, wird er als ein Zeichen für Verdienst oder als ein Beweis königlicher Gnade vergeben, doch ist immer der adelige Stand erforderlich.

Das Ordenskreuz ist bis auf die groſse Königskrone drüber, ganz das vorige Johanniterkreuz, golden, achtspitzig und weiſs emaillirt. In den vier Theilen sind schwarze preuſsische Adler mit Kronen und ausgebreiteten Flügeln. An einem schwarzen Bande wird es um den Hals getragen, und dabei auf der linken Seite des Kleides dasselbe Kreuz, schlicht und ohne die Adler, von weiſsem Zeuge oder mit weiſser Seide gestickt. Der Groſsmeister unterscheidet sich nur dadurch, daſs er beides gröſser trägt. Zugleich haben alle Mitglieder das Recht, zu diesem Orden eine Uniform, scharlachroth, weiſse Kragen und Aufschläge, mit goldenen Lizzen, weiſsem Futter und weiſsen Unterkleidern, goldenen Epaulets, worauf das simple weiſse Ordenskreuz liegt, nebst gelben Knöpfen mit dem weiſsen Ordenskreuze, zu tragen.

Alle bis zur Auflösung der Ballei Brandenburg wirklich eingekleidete Ritter des Ordens, wurden gleich bei der Stiftung dieses neuen Ordens zu Rittern desselben ernannt, und behielten das Ordenskreuz, wie es sonst war. Denen, die ehemalige Anwartschaften auf den Orden hatten, blieb es freigestellt, auf den Grund derselben, um die Ertheilung des neuen Johanniterordens nachzusuchen.

VI.

DER LUISEN-ORDEN.

Preufsen hatte im Jahre 1814 fünf Orden zur Auszeichnung und Belohnung des Verdienstes seiner Staatsbürger, aber keinen um Frauen zu ehren, um auch ihre Verdienste öffentlich zu bezeichnen. Und doch zeigte sich grade um diese Zeit, wo der grofse Kampf für Freiheit und Recht gekämpft war und noch gekämpft wurde, die Würde des Weibes im herrlichsten und achtungswerthesten Lichte, und Beispiele von Gröfse, Entsagung, Aufopferung und Vergessen seiner selbst, stellte diefs zarte Geschlecht damals in so reicher Fülle auf, dafs die lauteste Anerkennung und öffentlich ehrende Auszeichnung derselben nothwendig ward. Diefs erkennend, schuf der König Friedrich Wilhelm III. den Luisen-Orden.

Im Eingange zur Stiftungsurkunde vom 3. August 1814 sagt er selbst: „Als die Männer unserer tapferen Heere für das Vaterland bluteten, fanden sie in der pflegenden Sorgfalt der Frauen ein Labsal und Linderung. Glaube und Hoffnung gab den Müttern und Töchtern des Landes die Kraft, die Besorgung um die Ihrigen, die mit dem Feinde kämpften, und den Schmerz um die Verlornen durch ausdauernde Thätigkeit für die Sache des Vaterlandes zu stillen, und ihre wesentlichen Hülfsleistungen für den grofsen Zweck wurden nirgends vermifst. Unmöglich ist es, diese Handlungen des stillen Verdienstes bei Allen öffentlich zu ehren, die ihr Leben damit schmückten, aber Wir fanden es gerecht, denjenigen unter ihnen eine Auszeichnung zu verleihen, deren Verdienst besonders anerkannt ist."

Unter allen Orden für Frauen, die jetzt sind, giebt es keinen, der sich eines solchen edlen, herrlichen Ursprungs rühmen könnte, der, so wie dieser, nur dem wahren Verdienste um die Menschheit und das Vaterland, es finde sich auf dem Throne oder im niedern Bürgerhause, ertheilt würde. Nicht mit Stern, nicht mit Ordensband prunkt er, nein, bescheiden und anspruchslos ist das kleine Kreuz wahren Verdienstes. So, ausgezeichnet durch Entstehung wie durch Bestimmung, wird er auszeichnen und ehren in einem Grade wie keiner seines Gleichen, und nie möge der ursprüngliche, reine und edle Zweck seines Daseyns vergessen werden, immer möge er nur die Edeln, die Edelsten ihres Geschlechts zieren!

Warum ihn der König Luisenorden nannte, sagt die Urkunde nicht. Wer möchte aber daran zweifeln, dafs er dadurch ein bleibendes Denkmal einer treuen, geliebten, und nur zu früh verlornen Lebensgefährtin setzen wollte, dafs er es zur steten Erinnerung an eine der edelsten Frauen that, welche die Vorsehung in der Zeit des tiefsten Grams und beugender Leiden, zu noch härterer Prüfung, ihm von der Seite nahm. Und wie hätte er auch einen schönern Namen wählen können, als den einer, in jeder Hinsicht gefeierten, allgeliebten, allverehrten Königin und Frau. War es unerforschlicher Rathschlufs des Höchsten, dafs sie die bessere Zeit nicht erblicken sollte, nun, so lebe ihr Andenken noch Jahrhunderte hindurch in der Stiftung, welche aus der bessern Zeit hervorging, und das Urbild aller, welche den ihr gewidmeten, ihr geheiligten Orden tragen, sei immerdar die Königin Luise.

Für alle, die es besitzen, gleich grofs und schwarz emaillirt, ist das kleine goldene Kreuz des Ordens. Auf beiden Seiten liegt in der Mitte ein runder himmelblauer Schild, worauf vorn ein *L*, von dem sinnvollen Bilde eines Sternenkranzes umgeben, und auf der Umseite die Jahreszahlen 1813 und 1814 stehen. An dem weifs und schwarzen Bande, des mit ihm so innig verwandten Ordens des eisernen Kreuzes, wird er mit einer Schleife auf der linken Brust, ohne weitere Nebenzierde, getragen, und wird nach dem Tode der Besitzerin nicht zurückgegeben.

Nur an hundert Frauen oder Jungfrauen soll die Würde des Ordens ertheilt werden können, kein Rang dabei berücksichtigt werden, und nur unerläfsliche Eigenschaft dazu die seyn: dem preufsischen Staate durch Geburt, Verheirathung oder Nationalisirung anzugehören. Die Auswahl bestimmt ein aus vier Frauen und einer Vorsitzenden bestehendes Kapitel. Der König aber bestätigt die Ausgewählten, und dann erfolgt die Ausfertigung, von der Vorsitzenden unterzeichnet. Zur Geschäftsführung ist dem Kapitel ein Assistent beigegeben. Über den Verlust des Ordens entscheidet ebenfalls, nach eingeholtem Gutachten des Kapitels, der König. Das Personale des Ordenskapitels ist gegenwärtig folgendes:

PREUSSISCHE EHRENZEICHEN.

Es giebt deren zwei, welche beide vom König Friedrich Wilhelm III. gestiftet worden sind. 1) Das Militair-Ehrenzeichen am 30. September 1806, und 2) das allgemeine Ehrenzeichen am 18. Januar 1810 errichtet. Beide haben zwei Klassen, und bestanden ursprünglich aus einer Medaille, welche auf der Vorderseite den Namenszug des Stifters *F. W. R. III.* mit einer Königskrone, und auf der Umseite in einem Lorbeerkranze die Worte: Verdienst um den Staat, zeigte. Die erste Klasse erhielt sie von Gold, die zweite Klasse, etwas kleiner, von Silber. Das Militair trug die erstere an einem schwarzen weifsgeränderten Bande, das Civil die letztere an dem Bande des rothen Adlerordens im Knopfloche. So wurden sie bis zum 30. September 1814 vergeben, und so werden sie auch noch jetzt von allen, welche sie bis dahin erhielten, getragen. Da aber wurde für die ersten Klassen beider Ehrenzeichen die goldene Medaille in ein silbernes Kreuz von der Form des rothen Adlerordens 3. Klasse, nur etwas kleiner, verwandelt, in dessen rundem Mittelschilde auf der Vorderseite die Worte: Verdienst um den Staat, und auf der Umseite der Namenszug des Königs mit der Krone befindlich ist. Alles übrige blieb wie zuvor.

Das für das Militair bestimmte Ehrenzeichen zu erhalten, ist persönliche Auszeichnung durchaus erforderlich, und nur für das, durch eine besonders tapfere Handlung im Kampfe gegen den Feind erworbene Verdienst, wird es ohne Unterschied an Unterofficiere und Gemeine verliehen. Die zweite Klasse wird von der ersten aufgehoben, doch kann die eine oder die andere, in so fern sie früher erworben ist, als der Verdienstorden, mit diesem zusammen getragen werden. Mit der 1sten Klasse ist in der Regel eine monatliche Zulage von 1 Thlr. verbunden, welche nur dann wegfällt, wenn der Besitzer durch eine Civilbedienung versorgt, oder Officier wird. Die Schildwachen müssen vor den Inhabern Front machen und das Gewehr in Arm nehmen. Beide Klassen beider Ehrenzeichen bilden übrigens ein Ganzes, so dafs immer die 2te Klasse von der 1sten aufgehoben wird. Nach dem Tode des Besitzers müssen beide Arten der Ehrenzeichen zurück gegeben werden. Hinterläfst der Besitzer Wittwe und Kinder, so behalten diese sie oder bekommen eine Vergütung, wenn sie solche verlangen und ein Bedarfszeugnifs beibringen.

Die Militairverdienst-Medaille, welche vom König Friedrich Wilhelm II. 1793 gestiftet wurde, und dasselbe Gepräge, wie das Ehrenzeichen 2ter Klasse, bis auf den andern Namenszug *F. W. R. II.*, und die hinzugefügte Jahreszahl 1793 hat, wird an einem ganz schwarzen Bande getragen, jetzt aber nicht mehr vergeben.

Die Denkmünze, welche der ganzen preufsischen

Armee, und allen, die in den Befreiungskriegen von 1813—1815 mitfochten, im Jahre 1814 verliehen wurde, wird ohne Unterschied, von gleicher Art, am Bande des rothen Adlerordens im Knopfloche getragen, und zeigt auf der einen Seite einen Lorbeerkranz, von dem vier Strahlenbündel ausgehen, und dadurch die Form eines Kreuzes bilden. In der Mitte des Kranzes steht, nachdem der Besitzer Theil nahm, die Jahreszahl 1813, 1814 oder 1815. Auf der andern Seite liest man die Worte: „Preufsens tapfern Kriegern"; drüber ist der Namenszug des Königs mit der Krone, und die Worte: „Gott war mit uns, Ihm sei die Ehre," stehen rings um am Rande. Auf dem Rande steht: „Aus erobertem Geschütz," woraus alle diese Medaillen geprägt worden sind.

Auch alle diejenigen, welche, ohne zum fechtenden Stande zu gehören, den Armeen in beiden Befreiungskriegen mit Pflichterfüllung folgten, und die Gefahren und Anstrengungen der Krieger theilten, haben eine ovalrunde Medaille aus Gufseisen erhalten, welche auf der einen Seite den Namenszug des Königs zeigt, unter welchem die Worte stehen: Für Pflichttreue im Kriege, und von derselben Legende jener Medaille: Gott war mit uns, ihm sei die Ehre, umgeben ist. Auf der andern Seite ist ein Kreuz mit breiten Flügeln, zwischen denen Strahlen hervorschiefsen, und im runden Mittelschilde steht die Jahreszahl 1814 oder 1815. Das Band, an welchem sie getragen wird, ist in der Mitte weifs, und hat auf beiden Seiten schmale schwarze und dann Orange-Streifen.

B A I E R N

1. Orden des heiligen Hubertus. 1 Klasse.

2. Orden des heiligen Georg. 3 Klassen.

3. Militärischer Max-Josephs-Orden. 3 Klassen.

4. Civil-Verdienstorden der baierschen Krone. 4 Klassen.

5. Orden des pfälzischen Löwen. 1 Klasse.

6. Orden des heiligen Michael. 4 Klassen.

7. Orden der heiligen Elisabeth. 1 Klasse.

Ehrenzeichen.

Königl: Hannöverscher Guelphen-Orden.

I.

ST. HUBERTUS-ORDEN.

Der älteste und vornehmste unter den königlich-baierschen Orden ist der des heiligen Hubertus. Die Veranlassung zu seiner Stiftung war folgende: Als Rainald IV., Herzog von Jülich und Geldern, im Jahre 1423 unbeerbt starb, folgte ihm seiner Schwester Enkel, Arnold von Egmont, in Geldern, und seines Vaters Bruders Enkel, Adolph II., Herzog von Berg, in Jülich. Arnold, mit seinem Antheile nicht zufrieden, suchte auch Jülich mit gewaffneter Hand zu nehmen, schloſs jedoch bald nach angefangenem Streite mit Adolph einen zehnjährigen Waffenstillstand und Vergleich ab. Als aber Adolph 1437 ohne Erben starb, und ihm sein Vetter, Gerhard V., in Jülich gefolgt war, trat Arnold von neuem mit seinen vermeintlichen Ansprüchen darauf hervor, suchte sie durch die Waffen geltend zu machen, und rückte mit seinem Heere 1444 wirklich in das Jülichische ein. Gerhard ging ihm, mit dem Gefühle für eine gerechte Sache zu streiten, entgegen, und schlug ihn bald und gänzlich bei Ravensberg in Westphalen, am

Tage des heiligen Hubertus. Zum Andenken an diesen merkwürdigen Sieg, der die Ansprüche wie die Heere Arnolds vernichtet hatte, stiftete Gerhard im nämlichen Jahre einen Ritterorden dem heiligen Hubertus zu Ehren, der sowohl Hubertus-Orden, als auch Orden vom Horn, weil die Ritter eine goldene Kette von Jagdhörnern trugen, genannt wurde. Er blühte fort unter den Herzögen von Jülich, Berg und Cleve bis 1609, wo diefs Geschlecht in männlicher Linie mit Herzog Johann Wilhelm erlosch, und nun der Successionskrieg zwischen Brandenburg, Pfalzneuburg, Pfalzzweibrücken und den sächsischen Häusern über den Besitz dieser Länder begann. Während dem, und wählrend des darauf folgenden dreifsigjährigen Krieges, gedachte niemand des Ordens, und als er auch noch ein halbes Jahrhundert nach dem westphälischen Frieden vergessen blieb, so schien er erloschen zu seyn. Allein, als Kurfürst Johann Wilhelm von der Pfalz, aus dem Hause Neuburg, nach der baierschen Achtserklärung 1709 das Erztruchsefsamt mit der Oberpfalz erhielt, so rief er, als Besitzer eines Theils des Landes, dem der Orden ehedem angehörte, ihn in das Leben zurück gab ihm Statuten und erklärte sich selbst zum Grofsmeister davon. Kurfürst Karl Theodor von Baiern bestätigte und erweiterte die Statuten, welche im Wesentlichen noch jetzt gültige Kraft haben. Sie bestimmen, dafs der Hubertusorden aus einer Klasse bestehen, und nie mehr als 12 Mitglieder, welche Inländer und altadeligen Geschlechts seyn müssen, zählen soll. Diese geniefsen bestimmte Einkünfte, bilden das Ordenskapitel, das jährlich am 12. Oktober gehalten wird, haben allein Stimme in diesem Kapitel, müssen die Aufzunehmenden prüfen, und dem Könige, als Grofsmeister der Ordens, darüber Vorschläge thun. Ihre Ergänzung wird aus den Kommandeuren des Ordens der baierschen Krone genommen, wenn sie sich dazu eignen, und diese Stelle sechs Jahre bekleidet haben. Nur in ihrer Ermangelung werden jüngere gewählt, und solche Promotionen finden nur jährlich einmal am 12. Oktober statt. Aufser diesen 12 Mitgliedern kann der Orden aber an so viele fremde oder auswärtige Mitglieder gegeben werden, als es dem Grofsmeister beliebt. Für diese ist er jedoch nur eine Dekoration, und sie geniefsen weder Einkünfte, noch haben sie eine Stimme im Kapitel. Früher erhielten ihn auf diese Art nur Fürsten oder Prinzen regierender Häuser; in neuern Zeiten scheint diefs nicht mehr Grundsatz geblieben zu seyn.

Am Hubertustage ward der Orden gestiftet, er erhielt den Namen dieses Heiligen, und auf den Insignien ist die Legende desselben dargestellt, daher es wohl passend seyn möchte, ihrer Beschreibung die Legende selbst voran zu schicken.

Hubertus war ein Herzog in Aquitanien, auch Pfalzgraf, in den freien Künsten wohl erfahren, und lebte zur Zeit des fränkischen Königs Theoderich. Ebroino, dem Hofmarschall, welcher den König Theoderich und das ganze Königreich beherrschte, wollte er nicht unterthan seyn, daher verliefs er sein Land und sein Vaterland, und begab sich zum König Pipin in Austrasien, welcher ein rechtschaffener tugendsamer Fürst war, und ein Kämpfer gegen alle Tyrannen. Als dieser nun die Empörer gedämpft und der Tyrannei des Ebroinus ein Ende gemacht hatte, ging Hubertus nach Frankreich zurück; und liefs sich angelegen seyn, sein Land und seine Leute löblich zu regieren. Ob er nun gleich noch den Götzen diente, und von dem Lichte des Evangelii nicht erleuchtet war, befliefs er sich doch der Zucht und Tugend, und erwarb durch seine Demuth, Milde und Barmherzigkeit, dafs Gott beschlofs, auch ihm Barmherzigkeit zu erzeigen. Als daher Hubertus an einem stillen Freitage der Jagd oblag, geschah es, dafs er durch das Verfolgen eines Hirsches von seiner Dienerschaft getrennt und in eine ganz einsame Gegend im Walde gelockt wurde. Da offenbarte sich ihm der gekreuzigte Heiland zwischen den Geweihen des Hirsches, redete ihn an und sprach: Huberte, wie lange willst du noch die wilden Thiere des Waldes jagen? Es ist Zeit, dafs du mich erjagest, der ich wahrer Gott und an diesem Tage für dich und alle Menschen gekreuzigt bin. Als Hubertus solches sah und hörte, entsetzte er sich dermafsen, dafs er anfangs das Vermögen der Sprache verlor. Als er sich aber erholt hatte, warf er sich vom Pferde herab, fiel in grofser Demuth auf seine Knie nieder, betete und sprach: Mein Herr und mein Gott, ich habe zwar viel von dir gehört, dennoch habe ich dich weder recht erkannt, noch dir geglaubt, nun aber bin ich bereit dir zu folgen und zu gehorchen in allem was du mir befiehlst. Offenbare mir deinen heiligen Willen, und sage mir was ich thun soll, auf daſs ich selig werde. Der Herr antwortete: Huberte, wer mein Jünger seyn will, der nehme sein Kreuz auf sich und folge mir nach. Gehe zu Lambertus, dem Bischof von Utrecht, der wird dich unterweisen. Hubertus that wie ihm befohlen. Er gab die Jagd auf, ging zu Lambertus, der ihn bekehrte und taufte. Seine Güter gab er den Armen, baute Kirchen und Klöster, zog einen grauen Rock an, und wanderte in die Wüste. Als er sich hier sechzehn Jahre von Kräutern und Wurzeln genährt, ging er auf Gottes Befehl nach Rom, wurde hier an des ermordeten Lambertus Stelle Bischof von Utrecht, wobei sich Gott vielfach wunderthätig an ihn bewies. Er starb in Fura im Jahre 731 nach Christi Geburt, und wurde in Lüttich im St. Peters Münster beigesetzt. Sechs und zwanzig Jahre später, wo seine Leiche erhöht werden sollte, wurde solche noch ganz frisch und erhalten gefunden. Kaiser Karl selbst begab sich in die Kirche, dieſs Wunderwerk zu schauen. Und als er es gethan, hob er selbst den Leichnam auf, trug ihn auf den Hochaltar und opferte reichliche Gaben. Nach fünf und siebenzig Jahren wurde der Leichnam in das Kloster Andagium im Ardennerwalde gebracht, wo er noch ruht.

Dieſs die Legende vom heiligen Hubertus, der hiernach wohl sehr uneigentlich der Schutzpatron der Jagd geworden ist.

Die Dekorationen des Hubertus-Ordens sind auf der beigefügten Kupfertafel genau, doch in verjüngter Gröſse, dargestellt. Das runde Mittelschild im Ordenskreuze stellt die Bekehrungsscene des Hubertus, wobei sein

Jagdhund und sein Knecht, der das Pferd hält, zugegen waren, vor. Auf der Umseite desselben ist der Reichsapfel mit dem Kreuze in der Form einer Weltkugel. Die Umschrift bezieht sich auf die 1709 geschehene Erneuerung und Wiederherstellung des Ordens. In der Mitte des Sterns, der auf der linken Brust getragen wird, liest man mit gothischer oder altdeutscher Schrift den Wahlspruch des Ordens: In Trau vast; In der Treue fest, standhaft, beharrlich. Gewöhnlich wird das Ordenskreuz an einem ponceaurothen Bande mit grüner Einfassung von der Linken zur Rechten getragen, bei feierlichen Gelegenheiten aber, wo die Ritter in einer eignen Festordenskleidung in altspanischem Geschmack, von schwarz und ponceaurother Farbe erscheinen, an einer goldenen Kette. Diese besteht aus 42 Gliedern, wovon eins um das andere den verschlungenen Namenszug Karl Theodor's und die Bekehrungsscene des Hubertus darstellt, wie die Abbildung von dreien dieser Glieder, an welcher das Ordenskreuz hängt, zeigt. Der Namenszug ist jedoch abwechselnd roth und grün.

Die Beamten des Ordens sind am Ende der nachfolgenden Liste aufgeführt.

II.

ORDEN DES HEILIGEN GEORG.

Nach der Versicherung baierscher Geschichtschreiber soll der Ursprung dieses Ordens in die Zeiten der Kreuzzüge des 12ten Jahrhunderts fallen. Otto III. und Eckhard, Herzöge aus Baiern, hätten persönlichen Antheil an solchen abentheuerlichen Zügen genommen, den heiligen Georg zu ihren Schutzpatron gewählt, und ihm zu Ehren und zum Zeichen ihrer Verbindung zur Beschützung des christlichen Glaubens und der unbefleckten Empfängnifs der Jungfrau Maria, ein rothes Kreuz auf ihrer Brust und auf dem Schilde geführt. Diese Annahme eines rothen Kreuzes halten sie für die Stiftung eines dem heiligen Georg geweihten Ordens, ohne jedoch urkundliche Beweise dafür aufstellen zu können.

Kaiser Maximilian I. († 1519) aus dem österreichischen Hause, stiftete hierauf einen, auch dem heiligen Georg gewidmeten Ritter-Orden, dessen Mitglieder Kronen auf den Helmen trugen, daher auch *milites coronati* hiefsen. Er hatte ihn zwar mit Herrschaften und Gütern reichlich dotirt, allein bei den damaligen unruhigen, fehdereichen Zeiten, wurden diese Güter wieder zurückgenommen und anderweit vergeben, so dafs auch diese Stiftung bald wieder erlosch, und uns nichts mehr davon übrig ist als Insignien und Urkunden, welche in baierschen Archiven noch aufbewahrt seyn sollen. Ob Maximilian durch seine Stiftung jene frühere ordensähnliche Verbindung der Herzöge Otto und Eckhard, erneuern wollte, oder ob er hieran gar nicht dachte, und es nur Zufall war, dafs er zum Schutzpatron seines Ordens auch den heiligen Georg erwählte, ist nicht bekannt. Die baierschen Geschichtschreiber nennen diefs aber, wahrscheinlich, um seinen Ursprung so tief als möglich zurück zu setzen, die erste Erneuerung des Georg-Ordens. Die zweite Erneuerung nennen sie die Stiftung des jetzt noch blühenden baierschen Georg-Ordens. Die erste Idee dazu hatte Kurfürst Maximilian Emanuel von Baiern. Der Tod verhinderte ihn aber an der Ausführung. Sein Nachfolger, Karl Albert, nachheriger Kaiser Karl VII., verfolgte den Gedanken, und stiftete, oder, wenn man gern will, erneuerte zum zweiten Male am 24sten April 1729 den Ritterorden des heiligen Märtirers Georg, unter dem Titel: Beschützer der unbefleckten Empfängnifs der heiligen Jungfrau Maria. Er gab ihm Priorate, Kommenden, Statuten; und Papst Benedikt XIV. bestätigte ihn durch eine Bulle, und versah ihn mit den Vorzügen, Ehren, Indulten und Privilegien, die den hohen deutschen Orden von allen vorhergehenden Päpsten verliehen waren. Nach dem Erlöschen der baierschen Linie wurde er vom Kurfürsten Karl Theodor im Jahre 1778 als ein pfalzbaierscher Orden bestätigt, und ist jetzt im Range der zweite königlich-baiersche Ritterorden.

Der König ist Grofsmeister. Auf ihn folgt der Grofsprior, der ein Prinz von Geblüte seyn mufs, und gewöhnlich der Thronfolger ist. Die übrigen Mitglieder theilen sich in 3 Klassen, in Grofskreuze oder Grofskommandeurs, Kommandeurs und Ritter. Die Anzahl der erstern ist auf 6, die der zweiten auf 12 festgesetzt. Die der letztern, der Ritter, ist unbestimmt. Aufserdem hat der Orden noch eine geistliche ritterbürtige Klasse, welche aus einem Bischofe, einem Propste, vier Dekanen und Ordenskaplänen besteht. Das Ordenskapitel bilden, nächst dem Grofsmeister und Grofsprior, die Grofskreuze und die Kommandeurs. Von den Rittern hat keiner Stimme darin.

Zur Aufnahme ist guter alter Adel und eine strenge Ahnenprobe erforderlich. Der Aufgenommene mufs schwören: Die katholische Religion und die unbefleckte Empfängnifs Mariä zu beschützen, auch die Waffen zu ergreifen, sobald es der Grofsmeister verlangt. Das Ordensfest wird zweimal jährlich, am Tage des heiligen Georgs, den 24. April, und am Tage der Empfängnifs Mariä, den 8. Dec., gefeiert.

Das Ordenskreuz ist von Gold, achtspitzig, mit Rauten *) in den Winkeln, auf deren Spitzen, so wie auf den Spitzen des Kreuzes kleine runde goldene Knöpfe stecken. Die Vorderseite ist himmelblau, emaillirt und weifs eingefafst. In der Mitte ist auf goldenem Grunde

*) Verschobene Vierecke.

die Jungfrau Maria, mit empor gehobenen Händen auf einem Monde in Wolken stehend, abgebildet. Ihr Haupt umgeben fünf Sterne, und unter dem Monde liegt eine Schlange, auf deren Kopf sie mit dem rechten Fuſse tritt. Auf den vier Rauten in den Winkeln stehen die goldenen Buchstaben: *V. I. B. I.* (*Virgini immaculatae bavaria immaculata*, der unbefleckten Jungfrau das unbefleckte Baiern.) Die Umseite ist rothemailiirt mit weiſser Einfassung. In der Mitte ist der Ritter St. Georg zu Pferd, mit der Lanze den Drachen erlegend. Auf den Rauten stehen die goldenen Buchstaben: *J. U. P. F.* (*Justus ut palma florebit*, der Gerechte wird gleich der Palme blühen.) Statt einer Krone ist über dem Kreuze ein Löwenkopf, an welchem es hängt. Das Ordensband ist himmelblau, am Rande weiſs, und mehr einwärts dunkelblau eingefaſst. Kreuz und Band sind für den Groſsmeister, den Groſsprior und alle Klassen gleich, nur daſs jenes mit jeder Klasse kleiner und dieses schmaler wird. Der Groſsmeister, der Groſsprior und die Groſskreuze tragen es von der rechten Schulter zur linken Hüfte, und auf der linken Brust einen gestickten himmelblauen achtspitzigen Stern mit silberner Einfassung und Rauten in den Winkeln. In der Mitte ist ein silberner Schild mit einem rothen Kreuze. Die Kommandeurs tragen es um den Hals, und dazu denselben Stern, nur kleiner, die Ritter im Knopfloche.

Für die Feiertage des Ordens ist eine eigene Ceremonienkleidung angeordnet. Ein Streitkleid von Silberstoff mit feuerfarbigem Sammt gefüttert, ein solch sammetnes Beinkleid und Degengehenk, ein himmelblauer

Sammetmantel, nach den Graden mit Silberstoff, weifsem Atlas oder weifsem Zeuge gefüttert, mit einer mehr und weniger reich gestickten silbernen Bordüre oder Tresse besetzt oder ganz unbesetzt, ein Hut Heinrich IV., mit weifs und rothen Federn — das ist die, altburgundische, Tracht der Ritter. Die moderne Uniform derselben ist roth mit weifsen Aufschlägen, Weste und Beinkleidern. An Festtagen wird das Ordenskreuz an einer goldenen Kette um den Hals getragen, die aus drei verschiedenen, immer abwechselnden, Gliedern besteht. Das erste Glied ist ein längliches Viereck, an den langen Seiten mit goldenen Flammen, an den kurzen mit rothemaillirten Fürstenhüten geziert. Auf dem Viereck selbst stehn, durch die ganze Kette hindurch vertheilt, die Worte: *In fide, justitia et fortitudine.* Das zweite Glied besteht aus zwei an einander stofsenden gevierten Rauten, blau und weifs emaillirt; das dritte aus zwei gegen einander auf goldenen Boden stehenden Löwen, zwischen denen eine Säule, mit dem Reichsapfel oben drauf, ist. Mit einer Klaue halten sie diese Säule, mit der andern ein blofses Schwerdt.

Von der Legende des heiligen Märtirers, dessen Namen der Orden führt, möge hier folgendes erzählt seyn: Im Reiche Libien lag die Stadt Selene, vor deren Thoren ein grofser See war. In diesem nahm einst ein giftiger Lindwurm seinen Aufenthalt, und fügte den Einwohnern und der umliegenden Gegend vielen Schaden zu. Menschen und Vieh frafs er, und wenn ihm solche Speise mangelte, schleppte er sich bis an die Mauern der Stadt und blies seinen giftigen Athem in die Stadt hinein, wovon die starben, die er berührte. Da alle Bemühungen der Einwohner diefs Unthier zu vertreiben oder zu tödten, vergebens waren, so beschlossen sie, ihm täglich zwei Schafe zur Nahrung an das Ufer zu werfen, womit der Wurm auch zufrieden war. Dadurch nahm aber die Zahl der Schafe so ab, dafs wieder beschlossen ward, ihm nur ein Schaf und ein Kind, das durchs Loos bestimmt werden sollte, zu geben. Nachdem nun bereits die meisten Bewohner ihre Kinder so verloren hatten, begab es sich, dafs auch des Königs einzige und schöne Tochter durch das Loos getroffen wurde. Der König hatte sich sehr übel, bot all sein Gold und Silber, ja, sein halbes Königreich dafür an, aber das Volk ergrimmte darüber und drohte, ihn und sein Haus zu verbrennen, wenn er sich dem selbst gegebenen Gesetze nicht fügen werde. Da ergab er sich in den Willen des Schicksals, bat aber, ihm zu gestatten, dafs er erst acht Tage lang sein Kind betrauern dürfe. Das wurde bewilligt, aber nach Verlauf der Frist, während welcher das Unthier gewaltigen Schaden angerichtet hatte, stürmte das Volk in seinen Pallast und forderte mit Ungestüm die Tochter zur Speise des Drachen. Und der König mufste sie hergeben. Köstlich geschmückt, wie zur Hochzeit, verliefs die Prinzessin den trostlosen Vater und ging ans Ufer des Sees. Das Volk aber sah aus der Ferne zu. Während nun die Jungfrau des Drachen Ankunft erwartete, kam ein gar stattlicher Ritter daher gesprengt auf einem weifsen Rosse. Sein Schild war mit einem blutrothen Kreuze verziert, und eine goldene Taube schwebte mit ausgebreiteten Flügeln über seinem Helm. Er nahete sich der Prinzessin, saſs ab und bat gar höflich, ihm zu sagen, was sie hier mache und warum sie so traurig sei? Zwar drang die Jungfrau in ihn, eiligst wieder aufzusitzen und zu fliehen, damit er nicht unglücklich werde; allein der Ritter bat wiederholend, die Ursache ihres Kummers ihm zu entdecken, und lieſs durchaus nicht ab, bis sie ihm alles erzählt hatte. Da sprach der Ritter: Seid gutes Muths, ich will mit Gottes Hülfe den Lindwurm schon erlegen. Als er noch so redete, und die Prinzessin ängstiglich ihn von diesem Vorhaben abbringen wollte, bewegte sich das Wasser und der Drache hob sein schreckliches Haupt empor. Da schwang sich der Ritter auf sein Roſs, schlug ein Kreuz und rannte auf den Drachen los, der heftig auf ihn einfuhr. George, so hieſs der Ritter, befahl seine Seele Gott, legte die Lanze an, und traf den Wurm so hart und gewaltig in den Nacken, daſs er augenblicklich zu Boden stürzte. Tretet eilends herzu, sprach der Ritter zur bebenden Jungfrau, werft dem Drachen euren Gürtel um den Hals und fürchtet euch nicht. Sie that's, und der Drache folgte ihr gleich einem zahmen Hündlein. Als das Volk dieſs sah, wollte es fliehen, aber George winkte ihm zu bleiben und sprach: fürchtet euch nicht! Gott hat mich zu euch gesandt, euch von dem Drachen zu befreien. Glaubet an Christus, so will ich ihn tödten. Da erklärte König und Volk, mit Freuden glauben zu wollen, und der Ritter zog sein Schwert, tödtete das Unthier und befahl, es aus der Stadt zu bringen, da dann vier paar Ochsen kaum im Stande waren es fortzuschleppen und auf das Feld zu ziehen, wo es verbrannt ward. Es wurden hierauf noch an demselben Tage mehr als zwanzigtausend Menschen getauft. Der König erzeigte dem Georg grofse Ehre, liefs auch ihm und der heiligen Jungfrau zu Ehren einen herrlichen Münster aufführen.

Ob sein Abentheuer mit dem Lindwurm eigentlich oder bildlich zu nehmen, und von dem arianischen Bischof Georg zu verstehen, die Jungfrau die Kirche zu Alexandrien, und der Drache sein Vorfahrer auf dem Bischofsstuhle, Athamasius gewesen sei, welchen die Arianer den Drachen nannten, läfst sich schwerlich ausmitteln. Wahrscheinlich ist es aber, dafs Georg ein Märtirer gewesen, der im Jahre 292 unter Kaiser Diokletian hingerichtet wurde. Viele nennen ihn einen Grafen aus dem Lande Kappadocia. Die Angelsachsen hielten ihn in grofsen Ehren, so wie ihre Nachkommen, die Engländer, welche ihn zum Schutzheiligen der ganzen Nation machten, aus welchem Grunde er auch der des englischen Hosenbandordens wurde. Diese Ehrenstelle bekleidet er auch noch bei einem russischen und bei diesem baierschen Orden.

Die Ordensbeamten sind aus nachfolgender Liste ersichtlich.

III.

MILITAIRISCHER MAX-JOSEPH-ORDEN.

Bis 1805 gab es für das baiersche Militair nur ein Ehrenzeichen, wodurch der Verdiente, der Tapfere kenntlich gemacht werden konnte. Als aber der baiersche Staat durch den Reichsdeputationsrezefs von 1803, und den Prefsburger Frieden von 1806 an Gröfse und Ansehn gewann, zu einem Königreiche erhoben ward, sein Militair-Staat mithin eine gröfsere Ausdehnung erhielt, so beschlofs der König Maximilian Joseph, diefs bisherige Militair-Ehrenzeichen zu einem Militair-Verdienst-Orden zu erheben. Er that diefs am 1. März 1806, zunächst veranlafst durch die Tapferkeit, welche die baierschen Truppen in dem eben erst geendeten Kampfe mit Frankreich gegen Österreich gezeigt hatten, und verordnete, dafs der 1ste Januar 1806 — der Tag der angenommenen Königswürde — als der Stiftungstag dieses neuen Ordens angesehen werden, und stets der Tag der Feier des Ordensfestes seyn solle.

Den Statuten zufolge ist der Orden eine ganz besondere Belohnung für das Militair von allen Graden und

Zweigen, ohne Rücksicht auf Religion, Geburt noch Rang, doch nur für solche ausgezeichnete militairische Thaten bestimmt, welche mit Einsicht, Geistesgegenwart und Tapferkeit, aus freiem Antriebe und mit Lebensgefahr zum Nutzen des Dienstes ausgeführt worden sind, und das Gepräge des Ungewöhnlichen, und ganz aufser den Grenzen der Pflicht liegenden, haben. Das Ordenskapitel mufs solche Thaten untersuchen, und sein Abstimmungsprotokoll darüber dem Könige zur Entscheidung vorlegen. Um in der Austheilung nicht beschränkt zu seyn, ist die Zahl der Mitglieder, welche in drei Klassen, Grofskreuze, Kommandeurs und Ritter zerfallen, ganz unbestimmt. Zur ersten Klasse können jedoch nur Generale gelangen. Wer das ehemalige Militair-Ehrenzeichen hat, aber in keine dieser drei Klassen aufgenommen wurde, ist Ehrenritter des Ordens. Der Rang der Ritter bestimmt sich vom Tage der Auszeichnung. An jährlichen Einkünften geniefsen die sechs ältesten Grofskreuze jeder 1,500 Fl., die acht ältesten Kommandeurs, jeder 500 Fl., und die 50 ältesten Ritter, jeder 300 Fl. Mit dem Verlassen der Militairdienste gehen diese Einkünfte verloren, der Orden wird aber fortgetragen. Beides geht verloren, wenn ein Mitglied ohne Erlaubnifs des Grofsmeisters, — das immer der König ist, — in fremde Dienste tritt.

Die Beerdigung eines Mitgliedes geschieht um einen Grad höher, als seine zuletzt bekleidete Stelle war, und das Seelenamt für die Verstorbenen wird immer den 2ten Januar gehalten.

Das vormalige Militair-Ehrenzeichen ist unabgeän-

Königl. würtembergischer grosser Orden des goldenen Adlers.

dert, das jetzige Ordenszeichen geblieben. Es ist ein einfaches, goldenes, achtspitziges, weifsemaillirtes Kreuz, von einer goldenen Krone gedeckt. Auf dem himmelblauen runden Mittelschilde steht auf der Vorderseite der Namenszug des Königs: *M. J. K.* (Maximilian Joseph König) und auf der Umseite in einem Halbzirkel mit goldenen Buchstaben die Worte: *Virtuti pro patria* (der Tapferkeit für das Vaterland). Für alle Klassen ist es dasselbe, nur an Gröfse abnehmend. Eben so ist es auch das schwarze weifs und blau eingefafste Band, das mit jeder Klasse schmaler wird. Die Gröfskreuze tragen das Ordenszeichen von der rechten Schulter zur linken Hüfte, und dabei auf der linken Brust die gestickte Umseite des Kreuzes mit silbernen Strahlen umgeben. Zugleich tragen sie auch das verkleinerte Ordenszeichen ihres Grades um den Hals. Die Kommandeurs tragen es um den Hals, die Ritter auf der linken Brust, beide aber ohne Bruststern.

Die Ordensbeamten sind ein Grofskanzler, ein Archivar und ein Kanzellist.

IV.

CIVIL-VERDIENST-ORDEN DER BAIERSCHEN KRONE.

Diesen Orden stiftete der jetzige König Maximilian Joseph von Baiern am 27. Mai 1808, und zwar wie die vom 19. Mai desselben Jahres datirten Statuten ausdrücklich erklären: zur Belohnung für Personen des Civilstandes, welche dem Staate vorzügliche Dienste geleistet, sich durch höhere bürgerliche Tugenden ausgezeichnet, oder sich besonders verdient um das Vaterland gemacht haben. Auswärtige können ihn jedoch auch erhalten. Er besteht aus vier Klassen, aus 12 Großkreuzen, 24 Kommandeurs, 100 Rittern, und die 4te Klasse umfaßt alle die, welche die goldene oder silberne Civil-Verdienst-Medaille haben. Mit der Ertheilung der drei ersten Klassen erhält der Bürgerliche, wenn er davon Gebrauch machen will, das Recht zu Führung eines adeligen Prädikats und Wappens für seine Person, das der Regent bestätigt. Er kann dieses adelige Prädikat aber auch auf einen seiner ehelichen oder adoptirten Söhne erblich machen.

jedoch nur in der Art, daſs dieser erst nach seinem Tode den Titel führen darf, und dieſs fortwährend in derselben Art, immer nur nach erfolgtem Tode des Besitzers auf den ältesten Sohn, oder in dessen Ermanglung, auf den ältesten Abkömmling des Erwerbers nach der Reihenfolge der Erstgeburt übergeht. Sind keine betheiligten andern Abkömmlinge des ersten Erwerbers mehr vorhanden, so steht dem letztern wieder die Adoption frei. Wer von dieser Befugniſs der erblichen Übertragung Gebrauch machen will, muſs es dem Reichsheroldenamte mit Benennung des eignen oder adoptirten Sohnes, auf den die Übertragung geschehen soll, welches ohne präjudiziellen Termin zu jeder Zeit, selbst in einem zurückgelassenen Testamente geschehen kann, bekannt machen, und zur anständigen Führung des Adels erforderliches eignes Vermögen nachweisen. Ist dieſs nachgewiesen, und sonst keine Einwendung gegen das vorgestellte Subjekt zu machen, so wird die Übertragungs-Urkunde von dieser Behörde ausgefertigt, und dafür der 4te Theil der gewöhnlichen Adelstaxe erlegt. Die Eintragung des Abkömmlings in das Adelsbuch selbst geschieht aber nur in die unterste Adelsklasse, wenn derselbe nicht auch schon Ritter ist. Die Anmeldung zur persönlichen Immatrikulation, ohne Bezug auf die zu jeder Zeit frei stehende Übertragung, muſs immer im ersten Vierteljahre der Ernennung geschehen. Nach Ablauf desselben ist das Recht dazu erloschen.

Die Bekanntmachung dieser Verfügung, welche erst am 23. Dec. 1812, gewissermaſsen als ein Nachtrag zu den Statuten erschien, schlieſst mit folgenden Worten:

„Diese Verfügung erachten Wir dem ältern Adel und dem achtbaren Bürgerstande gleich ehrenhaft; dem ältern Adel, indem Wir ihm aus dem Inbegriff wahrhaft verdienter Männer eine Pflanzschule seiner künftigen Ergänzung bilden, dem Bürgerstande aber, weil diese Ergänzung aus ihm hervorgeht, und grade das Verdienst der Einzelnen, wenn sie für ihre Person dem Adel, für ihre Kinder und Verwandte aber dem Bürgerstande angehören, nicht mehr der Weg seyn wird, auf dem man sich ihm gänzlich entziehen kann."

Das Kollegium, das die Ordensgeschäfte besorgt, heifst Ordens-Konseil. Es besteht aus dem Grofskanzler, Grofsordensschatzmeister, welche aus den Grofskreuzen erwählt werden und beständige Mitglieder sind, aus 4 andern Grofskreuzen und 4 Kommandeurs. Es versammelt sich jährlich am Stiftungstage, um die der Ertheilung des Ordens Würdigen dem Regenten vorzuschlagen.

Das Ordenszeichen ist ein achteckiges weifs emaillirtes und mit einem Eichenkranze umgebenes Kreuz, von einer Königskrone gedeckt. In der Mitte sind die blauen und weifsen Rauten, nebst der goldenen Krone und der Umschrift: *virtus et honos.* Auf der gleichgestalteten Kehrseite ist in der Mitte das Brustbild des Stifters in Gold mit der Umschrift: *Max. Jos. Rex Bojoariae.* Diefs Kreuz ist für die 3 ersten Klassen dasselbe, nur dafs es mit jeder Klasse kleiner wird. Die Grofskreuze ziert aber noch auf der linken Brust ein achteckiger silberner Stern, dessen Mitte die Vorderseite des Ordenskreuzes mit einem Eichenkranze umgeben, darstellt. Sie tragen das Kreuz an einem handbreiten blauen Bande mit schmaler weifser Einfassung von der linken Schulter nach der rechten Hüfte. Die Kommandeurs tragen es am Halse, die Ritter im Knopfloche an einem gleichfarbigen, doch immer schmälern Bande.

Noch ist dieser Orden nicht dotirt, aber es ist die Absicht des Stifters, es demnächst zu thun. Bei seiner Stiftung ist übrigens der Verdienstorden des pfälzischen Löwen für erlöschend erklärt worden.

V.

ORDEN DES PFÄLZISCHEN LÖWEN.

Karl Theodor, Kurfürst von der Pfalz, errichtete diesen aus einer Klasse bestehenden Orden am 1. Januar 1768. Er bestimmte ihn zur Belohnung alter treuer Diener des Staats, vom Militair und Civil; doch mufste mit ihren Verdiensten die Abstammung aus einer altadeligen Familie verknüpft seyn. Die Zahl der Ritter war auf 25 festgesetzt, Ausländer nicht mitgerechnet.

König Maximilian Joseph von Baiern, der das Verdienst ohne Rücksicht auf Abstammung belohnen wollte, für das Militair daher schon einen Verdienstorden im Jahre 1805 errichtet hatte, und im Jahre 1808 den Civil-Verdienstorden der baierschen Krone errichtete, erklärte beim Entstehen dieses letzten Ordens den des pfälzischen Löwen für erlöschend. Seitdem wird er daher nicht mehr vergeben, jedoch von allen, die ihn bis dahin erhalten haben, mit seinen Dekorationen und unter seinem ursprünglichen Namen, unabgeändert fortgetragen, so dafs er mithin erst nach dem Tode seines letzten Besitzers erlöschen wird. Die Insignien sind ein goldenes achtspitziges Kreuz, blau emaillirt. Die Zwischenräume seiner vier Theile oder acht Spitzen füllen goldene Flammen. Im blauen Mittelschilde sieht man auf der Vorderseite die verschlungenen Namensbuchstaben des Stifters, *C. T.*, umgeben von den Worten: *Instit. An.* 1768. Auf der Umseite ist der stehende gekrönte baiersche goldene Löwe, mit der goldenen Umschrift: *Merenti.* An einem weifsen gewässerten, mit einem himmelblauen Streifen eingefafsten Bande, wird diefs Kreuz von der linken Schulter nach der rechten Hüfte getragen. Ist der Besitzer geistlichen Standes, so trägt er es an einem gleichen, aber schmalern Bande um den Hals auf der Brust hängend. Zugleich tragen die Ritter die Vorderseite des Kreuzes in Gold und Silber gestickt auf der linken Brust. Das Wort: *Institutor*, ist hier auf den vier Kreuzflügeln so vertheilt: *Ins - ti - tu - tor.*

VI.

ORDEN DES HEILIGEN MICHAEL.

Ihn stiftete Joseph Klemens, Herzog von Baiern und Kurfürst von Kölln, im Jahre 1721. Sein vollständiger Name war damals: „Ritterorden der Beschützer der göttlichen Ehre, unter dem Schutze des heiligen Erzengels Michael.“

Da er ein baierscher, und kein köllnischer Orden seyn sollte, so kam er auch nach dem Tode seines Stifters, im Jahre 1777, an den Kurfürsten Karl Theodor von Baiern, der seinen Neffen, den Herzog von Zweibrücken, zum Grofsmeister desselben ernannte. Der jetzige König von Baiern, Maximilian Joseph, bestätigte ihn im Jahre 1812, und fügte seinem ursprünglichen Zwecke — die Aufrechthaltung der Religion — noch die Pflicht der Unterstützung der Vaterlandsvertheidiger hinzu. Ordensherr ist immer der König, Grofsmeister aber ein Prinz von einer Seitenlinie des königlichen Hauses. Die Ordensglieder bestehen aus Grofskreuzen, die zugleich das Kapitel bilden, aus Amtsherren, Rittern und Ehrenrittern. Zur Erlangung der drei ersten

Klassen wird strenge Ahnenprobe erfordert. Ehrenritter kann aber jeder verdiente Mann, ohne Rücksicht auf Geburt, werden. In der St. Michaelskirche zu Josephsburg bei München findet immer die Versammlung der Ritter statt.

Das Ordenszeichen ist ein blauemaillirtes Kreuz, auf dessen vier Theilen die goldenen Buchstaben: *P. F. F. P.* stehen, welche die Worte andeuten: *Pietas*, *Fidelitas*, *Fortitudo*, *Perseverantia*, (Frömmigkeit, Treue, Tapferkeit und Beharrlichkeit,) als die Tugenden, denen die Ritter stets nachzustreben bemüht seyn sollen. Zwischen den vier Theilen strahlen goldene Flammen und Donnerkeile hervor. Auf der Vorderseite des runden Mittelschildes ist der Erzengel Michael abgebildet wie er die Drachen mit Füſsen tritt. Auf der Kehrseite liest man darin die Worte: *Dominus potens in proelio.* (Der Herr ist mächtig im Kampf.) An einem handbreiten blaugewässerten und mit baierschen Rauten (verschobene Vierecke) getriebenen Bande wird es von der ersten Klasse über die rechte Achsel, und zugleich auf der linken Seite des Kleides das Ordenszeichen in Gold gestickt, getragen, wo aber, statt des heiligen Michaels, in dem Mittelschilde die Worte: *Quis ut deus* stehen. Die Ordenskette, an welcher bei feierlichen Gelegenheiten das Ordenszeichen um den Hals auf die Brust herabhängt, ist in vier Hauptglieder abgetheilt, deren jedes aus fünf Donnerkeilen und vier Waffentrophäen, zusammen aus 20 Donnerkeilen und 16 Trophäen, besteht. Jede der vier Abtheilungen ist durch ein goldenes blauemaillirtes Schild bezeichnet, worauf die vier

Ordenstugenden in getriebener Arbeit ausgedrückt sind, so dafs *Pietas* auf der Brust, *Fidelitas* am Herzen, *Fortitudo* auf der rechten Schulter, und *Perseverantia* auf dem Rücken zu liegen kommt. Die andern Klassen tragen dasselbe Kreuz und Band, beides jedoch kleiner und schmaler auf der Brust und im Knopfloche.

VII.

ORDEN DER HEILIGEN ELISABETH.

Zum Besten der Armen und Nothleidenden stiftete im Jahre 1766 die Kurfürstin Elisabeth Auguste diesen weiblichen Orden. Sie wählte zu seiner Patronin die Landgräfin Elisabeth von Hessen, welche im Jahre 1226 starb, wegen ihres tugendsamen, gottergebenen und höchst wohlthätigen Wandels zu einer Heiligen erhoben ward, und wohl das schönste Vorbild für eine Gesellschaft, deren Zweck Wohlthun ist, seyn konnte. Dieser fromme und herrliche Hauptzweck konnte aber gleich Anfangs das Beimischen von irdischen, weltlichen Rücksichten nicht hindern. Denn Bedingung ist es, daſs die in den Orden Aufzunehmenden katholischer Religion seyn müssen, und ihren, oder wenn sie verheirathet sind, ihres Mannes Adel mit sechzehn Ahnen erweisen können. Auſser den Fürstinnen des Hauses und andern altfürstlichen Häusern, wird der Orden nur an die Oberhofmeisterin, sämmtliche Hofdamen und noch sechs andere verehelichte oder verwittwete Frauen gegeben. Die Aufnahme geschieht zu Ostern oder auf das Fest der heiligen Elisabeth, den 19. November. Alle Ordensfrauen müssen am letztgenannten Tage nach angehörter Messe, ihrem Vermögen gemäſs, Almosen austheilen, und die Aufgenommene zahlt zur Ordenskasse vier Dukaten.

Das Ordenszeichen ist ein weiſsgeschmelztes, mit einer Krone versehenes Kreuz, das auf der einen Seite die heilige Elisabeth darstellt, wie sie ihre Mildthätigkeit gegen die Armen ausübt, und auf der andern den Namenszug der Stifterin zeigt. An einem blauen rotheingefaſsten Bande wird es an der linken Brust getragen.

Stirbt eine der Ordensfrauen, so müssen die übrigen zwei Messen für sie lesen lassen, und die oberste Schutzfrau läſst ein Seelenamt halten, dem alle gegenwärtigen Ordensfrauen beiwohnen.

Die Ordensbeamten sind ein Schatzmeister und ein Sekretair, welche die oberste Schutzfrau ernennt.

Papst Klemens XIII. verlieh in einer eignen Bulle dem Orden verschiedene Gnaden und Ablaſs. Auch genehmigt diese Bulle, alle Versammlungen und Verordnungen, welche zur Aufnahme des Ordens befohlen werden möchten. Ob ihr Inhalt gegenwärtig noch Kraft hat und befolgt wird, kann nicht bestimmt angegeben werden.

S A C H S E N.

1. Orden der Rautenkrone. 1 Klasse.

2. Orden des heiligen Heinrichs. 3 Klassen.

3. Civil-Verdienst-Orden. 3 Klassen.

Verdienstmedaillen.

I.

ORDEN DER RAUTENKRONE.

Das königliche Haus Sachsen besafs bis zum Jahre 1807 nur den einzigen Orden des heiligen Heinrichs. Da dieser für das Militair bestimmt ist, in der Hand des Regenten also kein Mittel lag, durch öffentliche Auszeichnung verdiente Staatsmänner des höhern Ranges zu ehren, so wie andern Regenten Beweise von Freundschaft durch Ertheilung eines Hausordens zu geben, so stiftete zu diesem Zweck Friedrich August, erster König von Sachsen, den Orden der grünen oder Rauten-Krone. Es geschahe diefs im Julius 1807, wo eben Napoleon Buonaparte, damaliger französischer Kaiser, nach geschlossenem Frieden von Tilsit, auf der Rückreise nach Paris, einige Tage in Dresden verweilte. Er stiftete ihn zugleich zum Andenken der Huld der göttlichen Vorsehung, welche sie dem Lande in jenen traurigen Kriegsjahren hatte angedeihen lassen, worauf sich auch die Worte der Ordens-Legende, *Providentiae memor*, beziehen. Aus einer Klasse bestehend, wird dieser Orden nur an Personen vergeben, die wenigstens Generalsrang haben, und ohne daſs etwas dafür entrichtet zu werden braucht.

Das Ordenszeichen, dessen etwas verkleinerte Abbildung *) hier beigefügt ist, besteht in einem achteckigen hellgrünen Kreuze mit weiſs emaillirter Einfassung, dessen silbernes Mittelschild auf beiden Seiten mit einem grünen sechzehnblättrigen Rautenkranze umgeben ist. Bekanntlich führt das sächsische Wappen im zweiten Felde über achtmal gold und schwarz balkenweise gezogenen Streifen, einen Rautenkranz wegen des Herzogthums Sachsen, dessen neuerwählter Herzog Bernhard I. dieses Wappen im Jahre 1181 vom Kaiser Friedrich I. bekam. Als nämlich Bernhard nach damaliger Sitte sein Schild tragend, worauf die Ballenstedt'schen schwarz und goldenen Balken befindlich waren, vor dem Kaiser erschien, hatte dieser wegen der Sonnenhitze einen Rautenkranz auf dem Haupte, welchen er abnahm, über den Schild des Herzogs hing, und solchen ihm zugleich als Wappen verehrte. Auf der Vorderseite des Ordenszeichens umschlieſst dieser Rautenkranz den Namenszug *F. A.*, und auf der Umseite die Worte: *Providentiae memor.* (Der Vorsehung eingedenk.) An einem dunkelgrünen breiten Bande tragen die Ritter des Ordens das Kreuz über die rechte Schulter, und auf der linken Brust einen silbernen Stern, wie er hier abgebildet ist.

*) Die Unterschrift auf derselben muſs lauten: Königl. sächs. Orden der Rautenkrone.

Der Gr: Herzgl: Badensche Karl-Friedrichs-Verdienst-Orden.

II.

MILITAIRORDEN DES HEILIGEN HEINRICHS.

Dieser, zur Beförderung des Diensteifers im Militair, und zur Belohnung vorzüglicher militairischer Verdienste bestimmte Orden, wurde von August III., Könige von Pohlen und Kurfürsten von Sachsen, an seinem Geburtstage den 7. Oktbr. 1736 in Hubertsburg gestiftet. Das Ordenskreuz, welches an einem hochrothen Bande mit silberner Einfassung um den Hals getragen wurde, war roth emaillirt, hatte in den vier Winkeln den polnischen Adler, auf der einen Seite in den Ecken des Kreuzes den Namenszug des Königs: *A. R.*, in der Mitte Kaiser Heinrich II. Bild mit der Umschrift *St. Henricus Imperator*, und auf der Rückseite in den vier Ecken die Kurschwerdter, und in der Mitte die Worte: *Pietate et bellica virtute* *).

Schon nach dreifsig Jahren schien der Orden zu erlöschen. Da erneuerte ihn aber am 4. Sept. 1768 der Prinz Xaver von Sachsen, damals vormundschaftlicher

*) In Glafey's sächs. Gesch. Nürnb. 1753. und im 51. Bde v. Krünitz Encyklopädie befinden sich Abbildungen desselben.

Regent während der Minderjährigkeit des jetzigen Königs Friedrich August, kurz vor dem Ende seiner Regentschaft. Die Insignien erhielten eine veränderte, und zwar die Form, wie sie noch jetzt ist, nämlich: ein goldenes achteckiges Kreuz mit breiter weifser Einfassung, zwischen dessen vier Flügeln grüne Zweige des sächsischen Rautenkranzes sich befinden. Auf dem runden Mittelschilde steht auf gelbem Grunde Kaiser Heinrich II. der Heilige geharnischt im kaiserlichen Schmuck, und daneben die Worte: *St. Henr.* Um ihn herum liest man auf der blauen Einfassung des Schildes die Worte: *Xav. Princ. Polon. Dux et Administrator Saxoniae instituit* 1768. Die Umseite des Mittelschildes ist quer getheilt, oben schwarz und unten Silber. Darauf liegen die zwei Kurschwerdter, aufwärts gestellt und über einander gelegt, von einem Lorbeerkranz umgeben. In der blauen Einfassung liest man die Worte: *Virtuti in bello.* Ganz so ist noch jetzt das Ordenszeichen, nur dafs seit dem Regierungsantritt des jetzigen Königs ein Kurhut über dem Kreuze hinzugefügt, und die Umschrift auf der Vorderseite so lautet: *Xav. Adm. Sax. Inst. Fried. Aug. Elect. Confirm.*

Die Mitglieder des Ordens, dessen Grofsmeister der König, und dessen gebornes Mitglied der Kronprinz ist, bestehen aus Grofskreuzen, Kommandeurs und Rittern. Die erstern tragen das Zeichen an einem handbreiten himmelblauen Bande mit citrongelber Einfassung nach der linken Hüfte zu, und dabei auf der linken Brust einen achtspitzigen, übereck gestellten goldenen Stern, mit der Kehrseite des Ordenszeichens in der Mitte.

Eben so tragen es auch, und von derselben Gröfse die Kommandeurs, jedoch ohne Stern. Bei der dritten Klasse hängt es kleiner, und an einer Bandschleife im Knopfloche. Die untern Klassen können übrigens auch in die höhern einrücken; mit keiner Klasse sind aber jetzt, wie das ehedem der Fall war, Pensionen verknüpft.

Die Ursache, warum dieser Orden von 1768 bis 1796 gar nicht vergeben wurde, ist nicht bekannt.

III.

CIVIL-VERDIENST-ORDEN.

Als der König Friedrich August von Sachsen nach achtzehnmonatlicher Abwesenheit am 7. Juni 1815 in sein Land zurückkehrte, hier mit einer unbeschreiblichen ungeheuchelten Freude und wahrhafter Anhänglichkeit empfangen wurde, die rührendsten und sprechendsten Beweise von Liebe und herzlicher Ergebenheit, wie sie nur aus der Fülle eines aufrichtigen Gemüths hervorzugehen, wie sie keine Befehle noch Rücksichten abzunöthigen vermögen, erhielt, und aus den unzweideutigen Zügen von Vaterlands- und Regentenliebe, die während seiner Abwesenheit so vielfältig vorgekommen waren, die sichere Überzeugung erhalten hatte, daſs sein Volk in den Stürmen der Zeit und unter seltnen Verhältnissen ihm durchaus treu und ergeben geblieben war; da fühlte der würdige Regent das Bedürfniſs, öffentlich zu ehren, öffentlich auszuzeichnen, und dadurch zu danken dem, der sich durch ein rechtliches und Vaterlandsliebe zeigendes Benehmen ausgezeichnet hatte. Er stiftete zu dem Ende am 7. Jun. 1815 einen Civil-Verdienst-Orden, dessen Statuten am 12. Aug. 1815 erschienen, und wo er im Eingange die damit verbundne Absicht in folgenden Worten selbst ausdrückt:

„Wir haben schon längst die Absicht gehegt, zur Belohnung ausgezeichneter Verdienste im Civilstande einen Orden zu stiften. Während Unsrer Abwesenheit aus Unsern Staaten haben Wir von Unsern Dienern und Unterthanen so viele neue Beweise treuer Anhänglichkeit und einsichtsvoller Dienstleistung erhalten, daſs Wir nicht länger anstehen mögen, diejenigen, welche sich vorzügliche Ansprüche auf Unsre Achtung und Dankbarkeit erworben haben, ehrenvoll und öffentlich auszuzeichnen, zugleich aber durch ein bleibendes Institut die Nacheiferung im Dienste des Vaterlandes und Unsers Königl. Hauses zu befördern.“ *)

Die erste Austheilung des Ordens geschah hierauf am 23. Decbr. 1815. Seine Einrichtung ist folgende: Der König ist Groſsmeister, und von ihm aus geht allein die Vertheilung. Jeder Sachse kann ihn durch Verdienste erlangen, und auch der Auswärtige, wenn er sich Ansprüche auf die Erkenntlichkeit des Staats oder des Regenten erwirbt. Auſser den drei Klassen, der Groſskreuze, Kommandeurs und Ritter, deren Anzahl unbestimmt bleibt, sollen die Besitzer der königlichen Civil-Medaillen seine vierte Klasse bilden. Das Ordenszeichen ist ein goldenes, durchaus weiſsemaillirtes achteckigtes Kreuz. Auf der Vorderseite ist im runden Mit-

*) Im 252sten Stück der Leipz. Zeitung von 1815 sind die Statuten wörtlich abgedruckt.

telschilde, von einem goldenen Reif umgeben, das sächsische Wappen mit der Umschrift: Friedrich August König von Sachsen den 7. Juni 1815. Auf der Rückseite umgiebt ein Eichenkranz die Worte: Für Verdienst und Treue. An einem breiten weifsen gewässerten Bande mit grasgrünen Randstreifen wird es von der ersten Klasse von der rechten Schulter zur linken Hüfte hängend, getragen, und zugleich auf der linken Brust ein sechseckiger silberner Stern, in dessen Mitte die Kehrseite des Ordenszeichens befindlich ist.

Die zweite Klasse trägt dasselbe Kreuz an einem gleichen drei Zoll breiten Bande um den Hals, und die dritte, ein kleineres Kreuz an einer Schleife von demselben, doch nur zwei Zoll breiten Bande im Knopfloche. Der Tag der Rückkehr des Königs, der 7. Juni 1815, ist in den Statuten als der Stiftungstag erklärt worden, um, wie es in der Urkunde heifst: „Der herzlichen Liebe, mit welcher Wir von Unsern Unterthanen empfangen worden sind, ein bleibendes Denkmal zu setzen." Dieser Tag soll auch der jährliche Ordenstag seyn, an welchem Ertheilungen und Beförderungen in demselben geschehen. Die Geschäfte des Ordens werden von einem Ordensrath besorgt, der im Mai 1816 ernannt wurde, und dessen jetziges Personale unten näher angegeben ist. Er versammelt sich so oft es erforderlich ist, aber wenigstens jährlich einmal vor dem Eintritt des Ordenstages; auch darf er Vorschläge zu Ordensertheilungen dem Könige vorlegen. Für die Ertheilung des Ordens wird übrigens nichts entrichtet.

VERDIENST-MEDAILLEN.

1) Zur Belohnung tapferer Unterofficiere und Gemeine stiftete der König Friedrich August von Sachsen im Jahre 1796 eine Verdienst-Medaille, welche von Gold und von Silber, nach dem Grade des Verdienstes, ertheilt wird. Auf der Vorderseite ist des Königs Brustbild und sein Name. Auf der Rückseite stehn die Worte: Verdienst um das Vaterland, von einem Lorbeerkranze mit Kriegsarmaturen umgeben. Wer die silberne hat, und sich dann die goldene erwirbt, giebt jene gegen diese zurück. Beide Arten werden im Knopfloche an einem blauen Bande mit gelber Einfassung getragen. Eine Zulage an Gehalt ist mit dem Besitze dieser Medaille nicht verbunden, aber die Erben eines Inhabers erhalten bei der Zurückgabe für eine goldene 100 Thl., und für eine silberne 25 Thl. Obgleich dieses Ehrenzeichen nur für das Militair bestimmt ist, so erhalten es doch auch zuweilen Personen andern Standes, welche sich durch eine muthvolle Handlung auszeichnen.

2) Die Civil-Verdienst-Medaille wurde mit dem Civil-Verdienst-Orden im Jahre 1815 gestiftet, und mit diesem Orden gewissermafsen verbunden, indem die Besitzer derselben die vierte Klasse dieses Ordens

bilden. Auf der Vorderseite ist des Königs Brustbild mit der Umschrift: Friedrich August, König von Sachsen den 7. Juni 1815. Die Rückseite ist ganz wie die Rückseite des Civil-Verdienst-Ordenzeichens, nämlich: ein Eichenkranz umgiebt die Worte: Für Verdienst und Treue. Auch wird sie am Bande jenes Ordens, weifs mit grüner Einfassung, im Knopfloche getragen.

3) Die Verdienstmedaille mit der Umschrift: *Bene merentibus*, welche in Gold und Silber, gröfser und kleiner, vergeben wird, ist nicht zum öffentlichen Tragen bestimmt, indessen bleibt es jedem unbenommen, sie an einem willkührlichen Bande zu tragen.

4) Eine gleiche Verdienstmedaille mit der Inschrift: Zur Belohnung des Fleifses, ist im Jahre 1816 gestiftet worden, welche in Gold und Silber vergeben wird.

HANNOVER.

Guelphen-Orden. 3 Klassen.

Verdienstmedaille.

GUELPHEN-ORDEN.

Um den merkwürdigen Zeitpunkt in der Geschichte Hannovers — wo dieses Land der langen französischen Usurpation wieder entrissen wurde, unter die rechtmäfsige Regierung des Guelphischen Regentenhauses zurückkehrte, zu einem eigenen Königreiche erhoben, vergröfsert, und in die Reihe der souverainen Staaten aufgenommen ward — durch ein ganz besonderes Denkmal zu bezeichnen, zugleich aber auch treue Anhänglichkeit und Verdienste um das Vaterland, die während jener Zeit in so reichlichem Mafse vorgekommen waren, auszeichnend ehren zu können, stiftete an seinem Geburtstage, den 12. August 1815, der Prinz Regent von England einen Orden. Guelphenorden nannte er ihn zur Erinnerung und zum ehrenvollen Andenken an die frühesten Urahnherrn seines Hauses, an die Welfen oder Guelphen, Grafen von Altorf, die schon zu Karls des Grofsen Zeiten in Schwaben und Baiern sehr begütert waren.

Aus 3 Klassen bestehend, deren Mitgliederzahl unbeschränkt bleibt, ist er für alle Stände bestimmt, und auch Ausländer können ihn erhalten. Das Grofsmeisterthum desselben ist für immer mit der Krone Hannover verbunden, und soll niemals davon getrennt werden können. Die erste Klasse, das Grofskreuz, erhalten nur Personen, die Generallieutenants - Rang haben, so wie zur Erlangung der zweiten Klasse, des Kommandeurkreuzes, wenigstens Generalmajors - Rang erforderlich ist. Die dritte Klasse, das Ritterkreuz, ist an keinen Rang gebunden. Alle Ordensbesitzer haben aufser ihren Dienstverhältnissen den Rang vor denen derselben Klasse, welche den Orden nicht besitzen, und geniefsen, wenn sie Bürgerliche sind, den persönlichen Adel und den damit verbundenen Zutritt bei Hofe.

Das Ordenskreuz auf beigefügter Platte in verjüngter Gröfse, von beiden Seiten (1 und 4) abgebildet, ist für alle Klassen zwar von gleicher Form, doch wird es mit jeder Klasse kleiner, und das der Militairpersonen unterscheidet sich dadurch von dem des Civils, dafs unter der Krone noch zwei Schwerdter kreuzweis liegen, (6) und die Einfassung des Mittelschildes ein Lorbeerzweig, beim Civil hingegen ein Eichenzweig ist. An einem lichtblauen breiten Bande trägt es die 1ste Klasse über die linke Schulter nach der rechten Seite hin, und dabei auf der linken Brust einen silbernen Stern. Dieser ist hier (2) so abgebildet, wie ihn die militairischen Grofskreuze tragen. Bei denen vom Civil umgiebt statt des Lorbeerkranzes ebenfalls ein Eichenkranz das Mittelschild und die unter demselben kreuzweis liegenden zwei goldenen Schwerdter fallen da weg. An Gallatagen oder am Ordensfeste trägt diese Klasse das Ordenskreuz an einer goldenen, aus drei verschiedenen Gliedern bestehenden Kette auf der Brust, wovon hier (5) einige Glieder abgebildet sind. Die Kommandeurs oder die 2te Klasse trägt das Kreuz an einem $2\frac{1}{2}$ Zoll breiten blauen Bande um den Hals auf der Brust, und auch, aber von anderer Form, einen silbernen Stern auf der linken Brust. Auf der Kupfertafel ist dieser so dargestellt (3) wie ihn das Civil hat, beim Militair liegen jene zwei goldenen Schwerdter kreuzweis unter dem runden Schilde, und füllen so die vier Winkel des Sterns aus. Eine Ordenskette hat weder diese noch die 3te Klasse, die Ritter, welche das Kreuz an einem zwei Finger breiten Bande mit goldener Schnalle im Knopfloche und ohne Bruststern tragen. (6) Der Ordens-Genealogist hat eine eigene Dekoration, welche in einem goldenen rothemaillirten Schilde besteht, das auf jeder Seite mit einem hellblauen, goldeingefafsten, das Ordensmotto mit goldenen Buchstaben enthaltenden Zirkel umgeben ist, vorn das weifse Rofs, und hinten das doppelte *G. R.* zeigt. An dem Bande des Ordens wird von ihm diefs Schild um den Hals auf der Brust getragen, bei feierlichen Gelegenheiten aber an einer vierfachen goldenen, aus kleinen ovalen Gliedern bestehenden Kette.

Von den Ordensbeamten, welche am Schlusse der Ritterliste angegeben sind, ist immer der jedesmalige in London anwesende hannöversche Kabinetsminister, Kanzler, der jedesmalige älteste geheime Kabinetsrath in Hannover, Vicekanzler, und der jedesmalige bei der deutschen Kanzlei in London befindliche geheime Kanzleisekretair, Sekretair.

Die Inauguration des Ordens fand in Hannover am

1. Jan. 1816 mit grofser Feierlichkeit statt. Das Ordensfest wird jährlich am Stiftungstage daselbst begangen. An diesem Tage wird auch immer ein Ordenskapitel gehalten, um Ansuchungen um den Orden, welche von Militairpersonen geschehen können, zu prüfen, und das Resultat dem Regenten zur Entscheidung vorzulegen. Thaten, die nicht in den Gränzen der gewöhnlichen Dienstpflicht liegen, und die ohne Verantwortung hätten unterlassen werden können, berechtigen zu solchen Gesuchen. Geburt, langjähriger Dienst, Blessuren im Kriege erhalten, sind jedoch nicht Grund genug hierzu, so wenig als das Militairkreuz aus blofser Gnade ertheilt werden soll.

Die Wappen aller Inhaber des Ordens werden nach ihren Klassen und der Ordnung ihrer Aufnahme sowohl in der Schlofskirche in Hannover, als auch im Rittersaale des Schlosses daselbst aufgestellt.

WÜRTTEMBERG.

1. Orden des goldenen Adlers. 1 Klasse.

2. Orden des Militair-Verdienstes. 4 Klassen.

3. Orden des Civil-Verdienstes. 3 Klassen.

Ehrenzeichen.

Der Kurfürstl. Hessische goldne Löwen-Ordens.

I.

ORDEN DES GOLDENEN ADLERS.

Herzog Eberhard Ludwig von Württemberg, Jägermeister des deutschen Reichs, stiftete im Jahre 1702 einen Orden, den er „Jagdorden" nannte. Über hundert Jahre lang blühte dieser Orden in seiner ersten Einrichtung fort. Als aber im Laufe der Staatsbegebenheiten unserer Zeit Württemberg eine beträchtliche Erweiterung erhielt, der Regent dieses Landes die Souverainetät erlangte und die Königswürde annahm, da erhielt er von dem 1816 gestorbenen Könige Friedrich I. eine neue, den nunmehrigen Verhältnissen angemessenere Bestimmung und Einrichtung, und zugleich den auf die erlangte Königswürde sich beziehenden Namen: „Orden des goldenen Adlers." Die erneuerten Statuten sind vom 6. März 1807. Ihnen zu Folge ist die Bestimmung dieses Ordens, unter seinem Zeichen eine Gesellschaft von Männern zu knüpfen, und in engere Verbindung unter sich zu setzen, welche nicht nur durch hohe und edle Herkunft über andere erhaben sind, sondern vorzüglich auch durch eigene Ausübung der Tugend, und Erwerbung großer und erhabener Verdienste dem Stande ihrer Geburt Ehre machen, und nur in Tugend und Verdienst den ächten Grund wahrer Freundschaft erkennen. Die Ertheilung bestimmen aber nicht allein Verdienste um König und Vaterland, sondern auch Verdienste aller Art, unter welchen Verhältnissen sie auch erworben werden, so wie sie bei Regenten ein Beweis der Hochachtung und Freundschaft seyn soll.

Der alte Wahlspruch des Ordens: *Virtutis amicitiaeque foedus*, (Tugend und Freundschaftsbund,) ist beibehalten, und als das Symbol der Gesinnung, welche die Glieder des Ordens beseelen soll, bestätigt worden.

Herr und Oberhaupt des Ordens ist immer der König, und ihm allein bleibt die Aufnahme in denselben, um welche kein Ansuchen statt hat, vorbehalten, daher auch während der Minderjährigkeit des Regenten und einer deſshalb angeordneten Administration keine neue Aufnahme geschehen darf.

Mit Ausnahme der Glieder des königlichen Hauses und der regierenden Häupter, ist die Mitgliederzahl auf funfzig festgesetzt. Die Kinder des Königs erhalten den Orden gleich nach der Taufe; die des Kronprinzen nach zurückgelegtem ersten Jahre; die Kinder der übrigen Söhne des Königs, oder die Enkel eines Kronprinzen, wenn sie sieben Jahr alt sind; die übrigen Prinzen des königlichen Hauses aber nach dem 14ten Jahre. Doch können von diesen Regeln Ausnahmen gemacht werden.

Auſser den oben angegebenen Erfordernissen zur

Erlangung des Ordens, ist jedoch wenigstens edle Herkunft nothwendig, oder die Bekleidung eine Stelle, die mindestens den Rang eines Generalfeldmarschalllieutnants giebt.

Die Pflichten, welche der Orden seinen Besitzern auflegt, sind: in tugendhafter, aufrichtiger und steter Einigkeit und Freundschaft unter sich zu leben, durch fortgesetzte Erwerbung ausgezeichneter Verdienste das Urtheil des Ordensherrn zu rechtfertigen und zu bestätigen, diesem stets mit Hochachtung und Zuneigung ergeben zu seyn, und daher, wenn er in feindlichen Diensten stände, nicht persönlich gegen ihn zu fechten, den Ordensbrüdern zu rathen und zu helfen, sie freundlich und liebreich zu behandeln, und zur Freiheit zu verhelfen, falls im Kriege einer des andern Gefangener würde, endlich: überall Gutes zu befördern, zu helfen, zu unterstützen und nach Kräften und Verhältnissen in der bürgerlichen Gesellschaft als guter Mensch und Christ zu wirken.

Das Fest des Ordens wird jährlich den 6. März gefeiert. Alle nicht zu entfernte Mitglieder müssen dabei erscheinen, und zwar in einer eigenen Ordens-Kleidung. Diese besteht in einem grünsammetnen, mit weifsem Atlas gefütterten Kleide, vom gewöhnlichen Schnitt der Hofkleidung, mit Aufschlägen von Goldglace, dergleichen Weste, grünsammetnen Beinkleidern, weifsseidenen Strümpfen und schwarzen Schuhen mit weifsen Maschen über den Schnallen. Über den Rock wird ein rothsammetner weifsgefütterter Mantel mit breitem Kragen von Goldglace getragen. Am Degen wird von Personen, die kein Port-Epee tragen, eine roth und goldene Bandschleife befestigt. Den Kopf bedeckt ein Heinrichshut, schwarz, mit zwei weifsen und einer rothen Feder geziert.

Das Ordenszeichen, ein Maltheser-Kreuz von Gold mit rubinrothem Schmelz überzogen, ist auf beigefügter Kupferplatte genau von beiden Seiten, jedoch verkleinert, dargestellt. An einem ponceaurothen handbreiten Bande wird es über die linke Achsel getragen, und dabei auf der linken Brust der auch hier etwas verkleinert abgebildete Stern. Zur Ordenskleidung hängt es um den Hals auf die Brust herab an einer goldenen Kette, deren drei verschiedene immer abwechselnde Glieder die Abbildung zeigt.

Wer ohne das Ordenszeichen öffentlich erscheint, verfällt in 50 Thlr. Strafe zum Besten der Armen. Wer es ein ganzes Jahr hindurch nicht trüge, wird des Ordens ganz verlustig. Gekrönte Häupter und andere Regenten sind hiervon ausgenommen, so wie auch diejenigen, welche noch andere kaiserliche oder königliche Orden an eben der Stelle, wo dieser getragen wird, zu tragen haben. Diese dürfen alsdann das Ordenskreuz etwas kleiner an einem rothen schmalen Bande um den Hals tragen.

Die Aufnahme und Einführung eines neuen Mitgliedes bei feierlicher Versammlung geschieht folgendergestalt: die geschehene Ernennung wird mit ihren Umständen und Gründen durch den Kanzler des Ordens in der Versammlung vorgetragen, und die nochmalige

Genehmigung des Ordensherrn öffentlich ertheilt. Hierauf führt der Ceremonienmeister das neue Mitglied in der Ordenskleidung, doch ohne Insignien, in die Versammlung und vor den Thron des Ordensherrn. Der Kanzler liest ihm die Statuten vor, deren Festhaltung der neue Ritter, welcher auf der untersten Stufe des Thrones kniet, durch einen dem Ordensherrn gegebenen Handschlag an Eidesstatt verspricht. Dieser giebt ihm mit dem Ordensschwerdt den Ritterschlag, hängt ihm die Ordenskette um, und umarmt ihn. Wenn nun der neue Ritter dem Ordensherrn stehend seinen Dank abgestattet hat, erhält er vom Kanzler Band und Stern, und der Ceremonienmeister weist ihm seinen gebührenden Platz an. Abwesende erhalten die Insignien zugeschickt, von einem offenen Briefe oder Patente vom Ordensherrn unterschrieben, begleitet.

Die Wappen aller Mitglieder werden, auf Blech gemahlt, in der Ordenskapelle aufgehangen. Jedes auswärtige Mitglied mufs jährlich gegen den 6. März einberichten, ob besondere Veränderungen mit ihm vorgegangen, oder ihm Beförderungen zu Theil geworden sind, um hierdurch die Gemeinschaft mit den Ordensgenossen immer zu unterhalten.

Ordensbeamte sind: ein Kanzler, ein Ceremonienmeister, welches der jedesmalige königliche Oberceremonienmeister ist, ein Sekretair, ein Schatzmeister, ein Herold, ein Prälat, welches der jedesmalige Oberhofprediger ist, und ein Registrator. Alle haben bei feierlichen Gelegenheiten eine eigene Ordenskleidung. Ist der Ceremonienmeister nicht Mitglied des Ordens, so trägt er eine Medaille am Bande des Ordens um den Hals. Der Prälat trägt sein Prälatenkreuz ebenfalls an diesem Bande. Katholische Geistliche, welche den Orden haben, erscheinen bei feierlichen Gelegenheiten immer in ihrer Amtstracht.

II.

ORDEN DES MILITAIR-VERDIENSTES.

Alle für militairisches Verdienst gestiftete Orden traten in politisch-stürmischen Zeiten hervor, wo sie zur Belebung des Muthes und der Anstrengung, und zur Belohnung für abgelegte Beweise dieser Tugenden des Soldaten dienen sollten, und dienten. So auch dieser Militair-Verdienst-Orden, den Karl Eugen, Herzog von Württemberg, am 11. Februar 1759 stiftete, um die Officiere zu belohnen, welche sich in dem eben geendigten siebenjährigen Kriege ausgezeichnet hatten, und dem er nach sich den Namen Militair-Karls-Orden gab. Im Nov. 1799 wurde er vom damaligen Kurfürsten, dem 1816 gestorbenen Könige Friedrich I. von Württemberg, erneuert. Warum diefs geschah und nöthig war, kann nicht angegeben werden. Als hierauf 1806 das württemberger Land zu einem Königreiche erhoben wurde, veränderte der König den Orden ganz, nannte ihn Militair-Verdienst-Orden, und gab ihm an seinem Geburtstage, den 6. Nov. d. J., neue Statuten. Diesen zu Folge ist seine Bestimmung die fast aller militairischen Orden: bewiesenes Verdienst im Kriege auszuzeichnen, oder fünfundzwanzigjährige Treue in Friedenszeiten zu belohnen. In beiden Fällen kommt weder Geburt noch Bekleidung höherer Grade in Betracht. Der König ernennt die Ritter, indem er über die Eingabe der Kompetenten bei dem Ordenskapitel, das jährlich am 6. Nov. gehalten wird, entscheidet, oder er ertheilt ihn auch aufser dieser Zeit. Während der Minderjährigkeit des Regenten darf er gar nicht vergeben werden. Die Prinzen des Hauses, welche in württembergischen Militairdiensten stehen, sind Mitglieder. Aufser diesen bestehen seine Inhaber aus vier Klassen, Grofskreuzen, Kommandeurs 1ster *) und 2ter Klasse, und Rittern. Für keine Klasse ist eine gewisse Anzahl festgesetzt, sondern ihre Vermehrung ganz dem Ermessen des Königs überlassen. Aber nicht ohne wesentlichen Vortheil ist der Besitz dieses Ordens. Von den Mitgliedern, welche sich in württembergischen Diensten befinden, geniefsen an jährlichen Pensionen: zwei der 1sten Klasse 2000 Fl., viere der 2ten Klasse 1200 Fl., zwölfe der 3ten Klasse 1000 Fl., und zwei und funfzig der 4ten Klasse 300 Fl., so dafs also jährlich 36400 Fl. an sie ausgezahlt werden. Früherhin waren schon einige Stellen, aber weit geringer, dotirt. Die Vermehrung derselben geschah erst im Januar 1810, und zwar aus den Einkünften der damals im Württembergischen aufgehobenen Maltheser-Kommendurien.

Das Ordenszeichen ist ein goldenes weifsemaillirtes

*) Diese Klasse wurde 1809 errichtet.

Kreuz, auf dessen vier Flügeln mit goldenen Buchstaben die Worte: *Bene-me-ren-tibus* (den Wohlverdienten) stehen. Im blauen Mittelschilde ist vorn der Namenszug des Stifters *F. R.* (*Friedericus Rex*), und hinten ein goldenes *IV*. Auf beiden Seiten sind diese Buchstaben mit einer goldenen Königskrone gedeckt, die sich auch über dem Kreuze befindet. Von den Großkreuzen wird es an einem breiten gelben, schwarzeingefaßten Bande, (gelb und schwarz sind die Hausfarben), von der Linken zur Rechten, und dabei auf der linken Brust dasselbe Kreuz, doch größer und ohne Krone in Gold und Silber gestickt, getragen. Die Kommandeurs beider Klassen tragen es etwas kleiner und ohne Bruststern um den Hals, die der ersten Klasse aber, zur Unterscheidung, auch auf dem Degen oder Säbel. Das Kreuz der Ritter ist noch kleiner, ohne Krone, und hängt an einer Schleife im Knopfloche. Das Ordenszeichen beständig und bei jeder Kleidung zu tragen, ist, bei 20 Thl. Strafe zum Besten armer Soldatenkinder, festgesetzt. Wer es eine geraume Zeit gar nicht trägt, wird des Ordens ganz verlustig.

Die Geschäfte des Ordens besorgt der jedesmalige älteste Ritter nebst einem Ordenssekretair.

III.

ORDEN DES CIVIL-VERDIENSTES.

Um das Verdienst überall und in jedem Stande auch durch ein Ordensband bezeichnen zu können, stiftete der letztverstorbene König Friedrich I. von Württemberg zugleich mit dem Militair-Verdienst-Orden und an demselben Tage, den 6. Nov. 1806, einen Civil-Verdienst-Orden. Er besteht aus drei Klassen, und soll von der ersten, den Großkreuzen, und von der zweiten, den Kommandeurs nur sechs, von der dritten aber, den Rittern, sechs und dreißig Mitglieder zählen; doch bleibt die Vermehrung dieser Zahl dem Oberhaupt des Ordens, dem Könige, unbenommen. Ansprüche auf seine Ertheilung kann derjenige machen, der als Rath vier und zwanzig Jahre hindurch diente, und während diesen keine Strafe noch Verweis erhielt, überhaupt durch Diensteifer und gutes Benehmen sich dieser Auszeichnung würdig macht. Die Gesuche darum werden bei dem Ordenskapitel, das jährlich am Stiftungstage sich versammelt, mit den erforderlichen Zeugnissen begleitet, eingegeben. Wer den Orden besitzt, und nachher den Orden vom goldenen Adler erhält, muß ihn ablegen, wovon nur der Kanzler des Ordens eine Ausnahme macht. Jeder seiner Besitzer erhält durch seine Erlangung den persönlichen Adel, eine Eigenschaft, die nur noch wenige andere Orden haben. Ordenszeichen und Stern sind ganz so wie die des Militair-Verdienst-Ordens. Das Band ist zwar auch von denselben Farben, aber umgekehrt, nämlich schwarz mit gelber Einfassung, da jenes hingegen gelb mit schwarzer Einfassung ist. Auch auf die nämliche Art wie jener Orden, wird dieser von den verschiedenen Klassen getragen, so wie auch in derselben Art das Nichttragen der Dekorationen verpönt ist. Die Ordensgeschäfte besorgt immer der älteste Ritter und ein Sekretair.

EHRENZEICHEN.

1) Den wirklichen adeligen Gutsbesitzern und Familien-Ältesten im Königreich Württemberg gab der letztverstorbene König Friedrich I. im August 1808 eine eigene Dekoration, die aus einem einfachen goldenen weifsemaillirten Kreuze besteht, das an einem gelben Bande im Knopfloche getragen wird. Von gröfserer Form als die andern, tragen es die vier Erb-Kron-Beamten des Landes.

2) Die goldene und silberne Verdienstmedaille erhalten Unterofficiere und Soldaten zur Belohnung. Wenn sie nach erhaltenem Abschiede in die Heimath zurückkehren, so geniefsen sie der Befreiung vom Personaldienste. Mit der goldenen ist lebenslängliche Löhnung als Pension verbunden.

3) Zu einem bleibenden Denkmale des unter dem damaligen Kronprinzen, jetzigen Könige Wilhelm von Württemberg am 1sten und 2ten Februar, 25sten und 30. März 1814 von den württembergischen Truppen miterfochtenen Siegen, stiftete der vorige König Friedrich I. Ehrenmedaillen, nur für diese Tage des Ruhms bestimmt. Die für den 1sten und 2ten Februar erhielten die Unterofficiere von Gold, und die Gemeinen

von Silber an einem ponceaurothen Bande, wie das des Ordens vom goldenen Adler ist. Auf der vordern Seite steht in einem Lorbeerkranze: Für den Sieg am 1sten Febr. 1814. Die für den 25sten und 30sten März wurde auf gleiche Art vertheilt. Auf der Vorderseite der einen steht: Für den Sieg am 25sten März 1814, auf der andern: Für den Tag von Paris am 30sten März 1814. Auf der Umseite aller dieser Medaillen steht, auch von einem Lorbeerkranz umgeben: König und Vaterland den Tapfern.

4) Für die, welche sich im Feldzuge von 1815 ausgezeichnet hatten, wurde im Juni dieses Jahres eine Dekoration in 3 Klassen errichtet. Die erste ist ein goldenes Kreuz mit den Worten: Der Tapferkeit und Treue 1815. Die zweite ist ein gleiches Kreuz von Silber, die dritte, die oben genannte Militair-Verdienstmedaille, von Silber. Von allen drei Klassen wird sie an einem dreifarbigen, roth, gelb und schwarzen Bande getragen.

B A D E N.

1. Orden der Treue. 2 Klassen.

2. Karl Friedrichs - Verdienst - Orden.
3 Klassen.

3. Orden vom Zähringer Löwen.

Verdienstmedaillen.

I.

ORDEN DER TREUE.

Als Markgraf Karl Wilhelm von Baden-Durlach am 17ten Juni 1715 den Grundstein zu seiner neuerkohrnen Residenz Karlsruhe gelegt hatte, stiftete er zum Andenken an diese Begebenheit einen Orden, den ersten, den das Haus Baden erhielt. Er gab ihm, nach damaliger Sitte, einen französischen Namen, den: *Ordre de la fidélité.* Diese Benennung verlor sich jedoch nach und nach, und wurde mit Recht in die deutsche: „Orden der Treue" verändert. Er blieb in seiner ursprünglichen Einrichtung bis in das Jahr 1803, wo die an das Haus Baden gelangte Kurwürde den Markgrafen Karl Friedrich, ersten und auch einzigen Kurfürsten von Baden, veranlaſste, den erlangten Glanz seines Hauses durch eine Erneuerung und Erweiterung seines Ordens noch zu vermehren. Dieses geschah am 8. Mai 1803, als dem Tage der Feier der erlangten Kurwürde. Seitdem besteht der Orden der Treue aus zwei Klassen, wovon die erste Groſskreuze, die andere Kommandeurs heiſsen. Der Regent des Hauses ist immer Groſsmeister

Der Gr: Herzogl. Hessen-Darmstädtische Ludwigs-Orden.

desselben, und ernennt die Mitglieder. Die Prinzen des Hauses sind geborne Grofskreuze.

Das Ordenszeichen ist ein goldenes rothemaillirtes achtspitziges Kreuz, dessen Spitzen mit goldenen Kugeln versehen, und dessen vier Winkel mit dem doppelten ineinander verschlungenen goldenen Buchstaben C (Carl) ausgefüllt sind. In der Mitte des weifsen runden Schildes schwebt dieselbe Chiffer über einigen grünen Bergen, und drüber steht das Wort: *Fidelitas.* Die Umseite dieses Schildes zeigt das Wappenzeichen des Staats, einen schrägrechten rothen Balken im goldenen Felde. Über dem Kreuze ist eine königliche Krone angebracht, durch welche der Ring für das Band läuft, an dem es getragen wird. Diefs Band ist orangenfarben, gewässert, und mit schmaler silberner Einfassung versehn. Für die Grofskreuze ist es vier Zoll breit, und sie tragen das Kreuz hieran von der rechten Schulter nach der linken Hüfte. Das der Kommandeurs ist halb so breit, und sie tragen das Kreuz am Halse. Beide Klassen ziert noch auf der linken Brust ein achtstrahliger silberner Stern, in dessen Mitte die Vorderseite des Kreuzes auf orangenfarbenem Grunde sich befindet, so wie auf vieren der Strahlen die verschlungenen goldenen C liegen.

Der Orden hat an Beamten: einen Sekretair, und einen Kassirer und Registrator. Ersterer trägt das Ordenszeichen wie die Kommandeurs, letzterer ein kleineres Kreuz an einer goldenen Kette, beide jedoch ohne Stern. Ordenskapitel soll eigentlich immer am Geburtstage des Grofsherzogs gehalten werden, allein es geschieht nie. Nach den Statuten des Ordens, die jedoch bis jetzt noch nicht im Druck erschienen sind, werden bei der Aufnahme 20 Dukaten erlegt.

II.

MILITAIRISCHER KARL - FRIEDRICHS - VERDIENST - ORDEN.

Das Jahr 1807, reich an Stiftungen neuer Orden, ist auch das Geburtsjahr dieses Ordens. Das vergröſserte, in der Staatenreihe hinaufgerückte Baden, muſste nun ein stehendes Heer, wie es bis dahin nicht gehabt hatte, unterhalten, und diese Nothwendigkeit erzeugte das Bedürfniſs eines dem Militair-Verdienste ausschlieſslich gewidmeten äuſsern Ehrenzeichens. Der damalige Nestor aller europäischen Regenten, der Groſsherzog Karl Friedrich von Baden, dessen Name nach Jahrhunderten noch kein Badener ohne dankbare Rührung nennen wird, stiftete daher, vier Jahre vor seinem Tode, am 4ten April 1807 einen Orden zur Belohnung für ausgezeichnete tapfere Krieger, und nannte ihn nach sich: Militairischer-Karl-Friedrichs-Verdienst-Orden. Er besteht aus drei Klassen: Groſskreuze, Kommandeurs und Ritter. Der Regent des Hauses ist Groſsmeister, die Prinzen des Hauses geborne Mitglieder. Das Groſskreuz können nur Generale erhalten.

auf die übrigen Klassen aber haben alle Militairs, ohne Rücksicht auf Rang, Religion, Geburt oder sonstige Verhältnisse, Ansprüche, und die Anzahl der Mitglieder ist durch keine Bestimmung beschränkt. Jede militairische That, die ohne Verantwortung hätte unterbleiben können, oder die von seltener Entschlossenheit, Tapferkeit und Klugheit zeugt, deren die Statuten, die jedoch bis jetzt noch nicht im Druck erschienen sind, eine Menge namentlich anführen, eignet zur Erlangung des Ordens. Eine solche Handlung mufs aber, wenn sie nicht von den Obern selbst bemerkt ist, durch Zeugen hinlänglich bewiesen, und in eigends dazu versammelten Ordenskapiteln darüber entschieden werden. Aber auch eine treue 25jährige Dienstzeit, und stets bewiesene besondere Anhänglichkeit an die Person des Regenten, giebt Ansprüche auf den Orden. Um über diese zu entscheiden, mufs sich das Kapitel jährlich am 20. Nov., unterm Vorsitz des Grofsmeisters, oder wenn dieser hieran verhindert wird, unterm Vorsitz des ältesten der Grofskreuze versammeln. Der Grofsmeister entscheidet jedoch jedesmal, so wie ihm auch das Recht zusteht, zu jeder Zeit und ohne Kapitels-Versammlung, Vertheilungen vorzunehmen.

Alle Glieder des Ordens geniefsen jährliche Pensionen, woran jedoch die Prinzen des Hauses keinen Antheil nehmen dürfen. Die Anciennität eines Aufgenommenen, und sein Recht zur Pensionserhebung wird von dem Tage der belohnten That an gerechnet, daher dieser, ja wo möglich die Stunde ihrer Ausführung in der Ordensprobe angemerkt seyn soll. Bei solchen, die wegen treuer, vieljähriger Dienste, oder aus andern Gründen den Orden erhalten, wird nach dem Tage der Aufnahme gerechnet.

Wer die Militairdienste quittirt, darf die Ordens-Insignien auch zur Civilkleidung tragen. Wer aber ohne Erlaubniſs des Regenten in andere Dienste tritt, ist des Ordens und seiner Pension verlustig. Eben so macht jedes Verbrechen, das Entsetzung vom Dienst nach sich zieht, des Ordens verlustig. Alle Ordensglieder werden nach dem Tode um einen Grad höher, als der war, den sie bei ihrem Ableben bekleideten, beerdigt.

Das besonders schön geformte Ordenskreuz für alle drei Klassen, jedoch in immer kleinerer Form dasselbe, ist hierbei, von der Gröſse der dritten Klasse, genau abgebildet. Das neben stehende runde Mittelschild der Umseite hat die Gröſse des Kreuzes der ersten Klasse. Von dieser wird es an einem breiten Bande, das dreifach gestreiſt, in der Mitte roth, auf den Seiten gelb, und dann ganz schmal weiſs eingefaſst, ist, von der Linken zur Rechten, und dabei auf der linken Brust der hier in natürlicher Gröſse abgebildete silberne Stern getragen. Bei den Kommandeurs hängt es an einem halb so breiten Bande um den Hals. Sind sie Generale, so haben sie auch den Bruststern oder erhalten ihn, wenn sie dazu avanciren. Die Ritter tragen es an einem noch schmalern Bande im linken Knopfloche.

Die Ordenskanzleigeschäfte werden unter der Direktion des Ordenskanzlers von einem Ordenssekretair versehen, der zugleich das Amt des Ordensschatzmeisters zu verwalten hat.

An Gebühren für den erhaltenen Orden werden von einem Großkreuz 20, von einem Kommandeur 10, und von einem Ritter 5 Dukaten zur Ordenskasse gezahlt.

III.

ORDEN VOM ZÄHRINGSCHEN LÖWEN.

Im Jahre 1812 stiftete der Grofsherzog Karl Ludwig Friedrich von Baden diesen Orden am 26. December, dem Namenstage seiner Gemahlin, der Grofsherzogin Stephanie Luise Adriane. Seine Statuten sind noch nicht öffentlich bekannt gemacht, überhaupt aufser der in der Karlsruher Zeitung vom 29. Dec. 1812 befindlichen Anzeige von seiner Stiftung, nichts officielles über ihn erschienen, daher auch über den Zweck und die Absicht desselben nichts mitgetheilt werden kann. Den Namen erhielt er wahrscheinlich zum Andenken an die Abstammung des Hauses Baden von den uralten Herzögen von Zähringen, worauf die Insignien auch hindeuten. Diese sind ein Kreuz von dunkelgrünem Flufs, (Smaragd vorstellend) in Gold gefafst, dessen vier Winkel goldenes matt gearbeitetes Laubwerk füllt. Im runden Mittelschilde ist auf der Vorderseite die Ruine der bei Freiburg im Breisgau stehenden Burg Zähringen, die Wiege der badenschen Regenten, in bunten Farben dargestellt, und auf der Kehrseite der goldene aufrecht stehende Zähringer Löwe im rothen Felde. Von den Grofskreuzen wird es an einem dunkelgrünen

Bande mit orangefarbenem Saume über die rechte Schulter, und dabei auf der linken Brust ein silberner achtspitziger Stern getragen, in dessen Mitte der aufrecht stehende Zähringer Löwe im rothen Felde, mit der Umschrift: „Für Ehre und Wahrheit“ befindlich ist. Bei den Kommandeurs hängt es um den Hals, und bei der dritten Klasse, den Rittern, auf der linken Brust.

Das Verzeichnifs der Ritter dieses Ordens, der erst seit einem Jahre vergeben wird, ist nicht zu erhalten gewesen.

Verdienstmedaillen

für das Civil und für das Militair giebt es im Badenschen. Der Grofsherzog Karl Friedrich stiftete sie. Doch kann hier nur von der für das Militair bestimmten einige Nachricht mitgetheilt werden, da von der Civil-Medaille keine Exemplare mehr vorhanden sind, und jetzt erst eine neue gestiftet werden soll. Jene für das Militair hat auf der einen Seite das Gepräge der Umseite des Mittelschildes vom Karl-Friedrichs-Verdienstordenskreuz, wie solches auf der Abbildung dieses Ordens mit dargestellt ist, nur dafs des Greifs linker Fufs auf eine unter dem Schilde hervorragende Kanone und Kugeln tritt. Auf der andern Seite steht: Dem Tapfern — — mit Hinzufügung des Namens des Besitzers.

HESSEN - KASSEL.

1. Orden vom goldenen Löwen. 2 Klassen.

2. Orden *pour la vertu militaire.* 1 Klasse.

3. Orden vom eisernen Helm. 3 Klassen.

I.

ORDEN VOM GOLDENEN LÖWEN.

Der prachtliebende Landgraf Friedrich II. stiftete diesen ersten hessischen Orden zu noch gröſserer Vermehrung des Glanzes seines Hofes am 14. August 1770. Den Statuten zu Folge ist der Regent des Landes das Oberhaupt des Ordens, so wie die Prinzen des Hauses geborne Mitglieder. Ohne Rücksicht auf Religion, Geburt noch Ahnen wird er Einheimischen und Auswärtigen, vom Civil so wie vom Militair, theils zur Belohnung und Würdigung ausgezeichneter Verdienste, theils als Zeichen der Freundschaft und Verehrung ertheilt. Indessen setzt dieſs immer die Bekleidung einer Stelle von bedeutendem Range oder hohe Geburt voraus. Von den Dienern des Landes erhalten ihn nur solche, die Generallieutnants-Rang, mit erprobter Treue und eine gewisse Reihe von Jahren gedient haben; und Militairpersonen nur dann erst, wenn sie sich schon den Orden *pour la vertu militaire* verdienten. Ursprünglich war die Zahl der Mitglieder auf 41 festgesetzt, wovon aber in der Folge abgegangen worden ist.

Bis zum Schlusse des Jahres 1815 bestand der Löwenorden nur aus einer Klasse. Der Kurfürst Wilhelm I. fügte aber am 1. Januar 1816 noch eine zweite hinzu, deren Erlangung einen mindern Rang erheischt.

Das Ordenszeichen, welches die beigefügte Kupfertafel darstellt, ist von mattem Golde und durchbrochen, so dafs der Löwe — das hessische Wappen — frei steht. Die Umschrift ist glänzend golden. Auf der Rückseite, welche der vordern ganz gleich ist, stehn die Worte: *Friedericus II. D. G. Hassiae Landgravius instituit* 1770. Die erste Klasse trägt es über die rechte Schulter nach der linken Hüfte, und zugleich auf der linken Brust einen silbernen Stern, wie ihn die Kupfertafel verkleinert darstellt. Die zweite trägt es an einem schmalern Bande um den Hals und ohne Stern. — Die Beamten des Ordens sind am Schlusse der Ritterliste zu finden.

II.

ORDEN *POUR LA VERTU MILITAIRE.*

Landgraf Friedrich II. von Hessen-Kassel stiftete diesen Orden am 5. März 1769 zur Belohnung militairischer Verdienste seiner Officiere. Die Zahl der Mitglieder ist unbestimmt, auch können ihn Officiere fremder Truppen erhalten. Die Vertheilung geschieht allein vom Groſsmeister, welches immer der Regent des Hauses Hessen-Kassel ist. Einkünfte sind nicht mit der Erlangung verknüpft.

Das Ordenszeichen ist ein goldenes, in acht Spitzen auslaufendes weiſsemaillirtes, mit dem Fürstenhute gedecktes Kreuz, auf dessen vier Theilen der Namenszug des Stifters: *FL.* (Friedrich, Landgraf) und das Wort *VIR-TU-TI.* steht. Zwischen jedem der Kreuztheile ist der hessische, aufrechtstehende und gekrönte goldene Löwe angebracht. Von allen Besitzern dieses Ordens, der nur aus einer Klasse besteht, wird dieſs Kreuz an einem himmelblauen Bande mit silberner Einfassung um den Hals getragen.

III.

ORDEN VOM EISERNEN HELM.

Dieser Orden ging gleich seinem Vorbilde, dem eisernen Kreuze, zur Zeit des grofsen herrlichen Völkerkampfes um Freiheit und Selbstständigkeit hervor. Der Kurfürst Wilhelm I. von Hessen stiftete ihn am 18. März 1814 zur Belohnung und Auszeichnung militairischer Verdienste seiner Unterthanen um das Vaterland; doch sind auch Militairpersonen auswärtiger Heere von seiner Ertheilung nicht ausgeschlossen. Er hat drei Klassen: Grofskreuze und Ritter 1ster und 2ter Klasse. Das Ordenszeichen ist für alle Klassen, für die Grofskreuze nur noch einmal so grofs, ein in Silber gefafstes schwarzes brabanter Kreuz von Gufseisen, auf dessen Vorderseite in der Mitte ein offener Helm ist, dem zur Seite auf dem Kreuze der Namenszug des Stifters: *W. K.* (Wilhelm, Kurfürst) und unten die Jahreszahl 1814 steht. Die Umseite ist ganz schlicht. Von den Grofskreuzen wird diefs Kreuz an einem rothen Bande mit weifser Einfassung um den Hals getragen. Die Ritter beider Klassen tragen es im Knopfloche, und die erste Klasse derselben hat dabei zur Unterscheidung ein Kreuz vom Ordensbande auf der linken Brust.

Die zweite Klasse wird immer zuerst ertheilt, so dafs die erste nur dann erfolgen kann, wenn jene schon erworben ist. Das Grofskreuz wird nur dem ertheilt, der bei einer gewonnenen Schlacht oder entscheidenden Affaire als kommandirender Officier hessischer Truppen wesentlich beitrug, oder eine Festung anhaltend vertheidigte oder nahm.

Die Statuten bestimmen übrigens ausdrücklich, dafs der Orden vom eisernen Helm nach geendigtem Kriege nicht mehr vergeben werden wird.

HESSEN-DARMSTADT.

Ludewigs-Orden. 5 Klassen.

Der Gr: Herzl: Sachsen-Weimar-Eisenachsche Orden
vom weissen Falken.

LUDEWIGS-ORDEN.

Im Jahre 1807 stiftete der jetzige Großherzog von Hessen, Ludewig, diesen Orden, und vergab ihn zum ersten Male am 25. August, dem Ludewigstage, welcher, da fast alle Glieder des Großherzoglichen Hauses Ludewig heißen, der Namenstag der Familie ist. Bis jetzt sind seine Statuten noch nicht bekannt gemacht worden, so wie er auch auf officiellem Wege noch keinen Namen erhalten hat. Man nennt ihn daher bald den Verdienst-Orden, bald den Ludewigs-Orden, wozu sowohl der Name seines Stifters, so wie der Buchstabe *L.* und die Worte: „Für Verdienst" auf dem Ordenskreuze, die Veranlassung gegeben haben mögen. Man nennt ihn auch den Großherzogl. Hessischen Hausorden. Bis hierüber keine officielle Erklärung erfolgt, mag er hier Ludewigs-Orden genennt werden. Übrigens scheint es, als wolle man mit der Publikation der Statuten so lange noch zögern, bis man mit diesem Ehrenzeichen Einkünfte verknüpfen könne.

Der mit der Einrichtung des Ordens verbundene Zweck ist: das Verdienst im Militair wie im Civil, von der obersten Stufe bis auf die unterste herab, damit öffentlich zu ehren und auszuzeichnen. Er ist daher in fünf Klassen eingetheilt, wovon die Besitzer der ersten, Großkreuze, die der zweiten und dritten, Kommandeurs 1ster und 2ter Klasse, und die der vierten und fünften, Ritter heißen. Die erste ist ausschließlich für fürstliche Personen und Staatsdiener des ersten Ranges bestimmt. Zur zweiten ist wenigstens Generals- oder geheimer-Raths-Rang erforderlich, so wie zur dritten der eines Stabsofficiers. Zur vierten können Subalternofficiere, wirkliche Räthe, Beamte u. s. w. gelangen, und die fünfte wird an niedere Civildiener, Unterofficiere, Soldaten, Bürger und Landleute vergeben. Indessen erhält nicht immer jeder die Klasse, die er wohl seinem Range nach erhalten könnte, und in die er auch durch Aufrücken noch kommen kann.

Das Ordenszeichen, auf beigefügter Kupfertafel verkleinert dargestellt, ist ein schwarzemaillirtes rotheingefaßtes Kreuz, von der Form eines Maltheserkreuzes. In der Mitte ist auf schwarzem Grunde eine grüne Krone, halb von Lorbeer, halb von Eichenlaub — für den Soldaten und den Bürger — geflochten, und von den Worten umgeben: „Gott, Ehre und Vaterland.“ In der Mitte der Kehrseite ist auf rothem Grunde der goldene Buchstabe *L* von einem weißen Rande umgeben, auf welchem die Worte: „Für Verdienst“ stehen. Das Band, an welchem es getragen wird, ist schwarz mit rother Einfassung. Kreuz und Band sind durch alle Klassen hindurch gleichförmig, nehmen aber mit jeder Klasse an Größe und Breite ab. Die erste Klasse trägt das Kreuz an einem bandbreiten Bande über die rechte Schulter, die zweite um den Hals. Beide Klassen ziert noch auf der linken Brust ein silberner achtstrahliger Stern, dessen Mitte die Vorderseite des Kreuzes enthält. Die dritte Klasse trägt es auch um den Hals, doch ohne Stern, die vierte und fünfte im Knopfloche.

SACHSEN - WEIMAR - EISENACH.

Orden vom weifsen Falken. 3 Klassen.

ORDEN DER WACHSAMKEIT
ODER
VOM WEISSEN FALKEN.

Eine der gewöhnlichsten Belustigungen der Vornehmen des Mittelalters war die Falkenjagd. Der Falke war der Stempel des Adels, und daher so geschätzt und geehrt, daſs man selbst durch Gesetze ihn gegen alle Nachstellungen zu sichern suchte, wie wir dieſs jetzt in Ansehung der Nachtigallen thun. Der Falke wurde in Wappen, ja sogar von Kaiser Heinrich IV. mit in das Reichssiegel aufgenommen. *) Besonders geachtet waren aber die weiſsen Falken aus Island und Norwegen. Da Verehrung und Liebe zu diesem Vogel sich Jahrhunderte hindurch, und noch bis in die Mitte des verflossenen erhielt, so konnte es nicht fehlen, daſs auch ihm, gleich seinem Gefährten, dem Adler, und andern Thieren die Ehre zu Theil ward, einen Ritterorden nach sich genennt, und sich als dessen Sinnbild gewählt zu sehen. Und dieſs geschah vom Herzog Ernst August zu Sachsen-Weimar. Er stiftete am 2. Aug. des Jahres 1732 zu Ehren und mit Genehmigung des Kaisers Karl VI., dessen General-Feldmarschall-Lieutnant er war, einen

*) Kuriositäten 3ter Bd. S. 148.

Orden, und nannte ihn: „Orden der Wachsamkeit oder vom weifsen Falken."*) In der Folge behielt er zwar seine ursprüngliche Form und Einrichtung, wurde aber in den letztverflossenen zwanzig Jahren gar nicht mehr vergeben, und die Zahl seiner Mitglieder verminderte sich nach und nach so, dafs am Schlusse des Jahres 1806 nnr noch ein Ritter dieses Ordens lebte. Es schien daher, als sei es Absicht, ihn erlöschen zu lassen, was auch wohl geschehen seyn würde, wenn nicht unerwartete Ereignisse sein Wiederaufleben herbeigeführt hätten.

Das letzte Jahrzehend unserer Zeit, das so viele Orden neu belebt oder neu geschaffen hervortreten, und viele emporgeschossene auch wieder untergehen sah, liefs auch den Falkenorden wieder mit erneuertem Glanze hervorgehen. Denn als nach dem Wiener Kongrefs im Jahre 1815 mehrere altfürstliche Häuser Deutschlands, und darunter auch das der Herzöge von Sachsen-Weimar-Eisenach, durch einen Länderzuwachs vergröfsert waren, und den grofsherzoglichen Titel angenommen hatten, wurde vom Grofsherzog Karl August von Sachsen-Weimar-Eisenach die Erneuerung des weifsen Falkenordens beschlossen, und unterm 18. Okt. 1815 erschienen die neuen ächtdeutschen Statuten desselben. Im Eingange derselben wird die Veranlassung zu dieser Erneuerung mit folgenden Worten angegeben: „Eingedenk der, durch die Gnade der göttlichen Vorsehung, und durch die deutsche Kraft und Tugend dem

*) Seine Statuten im: „Kabinet grofser Herren" 7ter Theil, S. 199.

gesammten Reiche deutscher Nation wiedergewonnenen, und jetzt auf das Neue gesicherten Unabhängigkeit, und um auch Unserer Seits Männern, welche durch Rath oder That zu diesem grofsen Werke ausgezeichnet beigetragen haben, ein Zeichen der Würdigung ihrer Verdienste, deren Folgen sich auch Unserm grofsherzoglichen Hause und Unsern Landen vorzüglich wohlthätig erwiesen haben, zu widmen, haben Wir beschlossen u. s. w."

Der weifse Falken-Orden soll der einzige grofsherzogl. Sachsen-Weimarsche Orden seyn und bleiben, für das Civil so wie für das Militair bestimmt seyn, und aus drei Klassen, Grofskreuzen, Kommandeurs und Rittern bestehen. Die erste Klasse bilden: der Grofsmeister — der jedesmalige Grofsherzog — die Prinzen des Hauses und zwölf Grofskreuze. Von Landeseinwohnern kann nur derjenige, welcher den Rang eines wirklichen geheimen Raths oder eines Generalmajors hat, das Grofskreuz erhalten. Für die zweite Klasse, deren Mitglieder auf 25 bestimmt sind, ist der Rang eines geheimen Regierungs-, Staats-, Justiz-, Kammer-Raths, oder beim Militair der Grad eines Majors nöthig. Die dritte Klasse soll 50 Mitglieder zählen. Der Orden legt seinem Besitzer die Pflicht auf: gegen das gemeinsame deutsche Vaterland, und gegen die jedesmalige rechtmäfsige höchste Nationalbehörde, treu und ergeben zu seyn, nach Mafsgabe seines Standpunktes dahin zu wirken, dafs vaterländische Gesinnung, dafs deutsche Art und Kunst, Vervollkommnung der gesellschaftlichen Einrichtungen in der Gesetzgebung, Verwaltung, Staatsverfassung und Rechtspflege sich immer mehr entwikkele, und dafs auf eine gründliche und des Ernsts des deutschen Nationalkarakters würdige Weise sich Licht und Wahrheit verbreite. Auch soll ihnen die Verpflichtung obliegen, sich bedrängter und durch den Krieg verarmter Mitbürger, besonders der im Kampfe fürs Vaterland Verwundeten, und der Hinterlassenen gefallener Krieger, thätig anzunehmen.

Das Ordenszeichen, ein für die gegenwärtigen Zeiten angemessenes Sinnbild, welches zur Erfüllung dieser Obliegenheiten, und zur Wachsamkeit für das Wohl der Deutschen auffordert, ist auf beigefügtem Blatte von seinen beiden Seiten, jedoch verkleinert, genau abgebildet. Einer Erklärung bedarf diefs Bild nicht, doch die Bemerkung, dafs die Umseite hier so dargestellt worden, wie sie bei dem Ordenszeichen für das Militair ist. Bei dem für das Civil umgiebt statt der Kriegsarmaturen, ein Lorbeerkranz das Mittelschild. Von den Grofskreuzen wird es an einem breiten hochrothen gewässerten Bande über die rechte Achsel getragen, und dabei auf der linken Brust ein silberner Stern, wie er — verkleinert — ebenfalls hierbei abgebildet ist. Die Kommandeurs tragen es an einem eben solchen, schmalern Bande um den Hals, und die Ritter, deren Kreuz kleiner ist, im Knopfloche.

Das Fest des Ordens wird am 18. Oktober, — dem Tage des Festes aller Deutschen — gefeiert, und soll jeder Ordensritter diesen Tag besonders durch wohlthätige Handlungen gegen Verunglückte und Verarmte durch Krieg, bezeichnen.

Kanzler des Ordens ist immer der im Staatsministerio dirigirende oder vorsitzende Minister. Ihm ist noch zur Geschäftsführung ein Ordens-Sekretair beigegeben.